中国历代谋臣系列

郭 嘉

汉末三国头号鬼才

宿巍 著

辽宁人民出版社

© 宿 巍 2023

图书在版编目（CIP）数据

郭嘉：汉末三国头号鬼才 / 宿巍著 . — 沈阳：辽宁人民出版社，2023.1
（中国历代谋臣系列）
ISBN 978-7-205-10543-3

Ⅰ.①郭… Ⅱ.①宿… Ⅲ.①郭嘉（170-207）—传记 Ⅳ.① K827=36

中国版本图书馆 CIP 数据核字（2022）第 152939 号

出版发行：	辽宁人民出版社
地　址：	沈阳市和平区十一纬路 25 号　邮编：110003
电　话：	024-23284191（发行部）　024-23284304（办公室）
http://www.lnpph.com.cn	

印　　　刷：北京长宁印刷有限公司天津分公司
幅面尺寸：145mm×210mm
印　　张：6.5
字　　数：112 千字
出版时间：2023 年 1 月第 1 版
印刷时间：2023 年 1 月第 1 次印刷
责任编辑：赵维宁　吴艳杰
封面设计：乐　翁
版式设计：一诺设计
责任校对：刘再升
书　　号：ISBN 978-7-205-10543-3
定　　价：39.80 元

序　言

他被称为三国鬼才。他洞悉人性，体察人心。他对当时局势的发展往往能做出精准的预测。

他提出了著名的十胜十败论，在官渡之战前的两年就认定袁绍必败曹操必胜。

他准确地预言了孙策的死亡，连方式都如其所说。

当曹操提出要远征乌桓时几乎遭到所有人的反对，只有他坚定地支持，而正是此战彻底确立了曹操在北方的统治。

在后世，他凭着自己的智慧才干赢得众多粉丝。

他就是郭嘉，一个不走寻常路的奇才。

甚至有人喊出，郭嘉不死，卧龙不出。

郭嘉究竟是如何赢得曹操的信任，又受到后世的推崇，读过此书相信您就会有自己的答案。

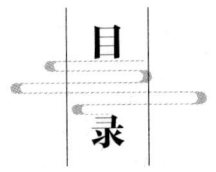

目录

序　言 / 001

出身决定发展——东汉的名士圈 / 001

郭嘉出山——荀彧推举乡党之谊 / 013

说话是门艺术——郭嘉的十胜十败论 / 025

以水困城——郭嘉献计夺徐州擒吕布 / 037

放虎归山——曹操不听郭嘉之言放走刘备 / 053

决战之前——袁曹的明争暗斗 / 065

官渡之战——十胜十败以弱胜强 / 071

深藏功名——郭嘉的处事智慧 / 103

精准预测——郭嘉料定孙策的下场 / 111

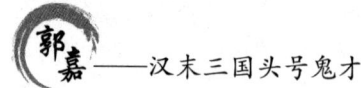

欲擒故纵——郭嘉献计定河北 / 131

收服人心——郭嘉劝曹操起用河北名士 / 171

性情相投——亦君亦友 / 177

生死相随——郭嘉遗计定辽东 / 185

附录 / 201

后记 / 202

出身决定发展
——东汉的名士圈

郭嘉——汉末三国头号鬼才

汉献帝建安十三年（208）冬，荆州长江北岸曹军大营，曹操望着被付之一炬的舰队心痛不已。赤壁的大火烧光的不仅有他苦心经营的舰队，还有他征服江东一统天下的梦想。这是曹操一生之中最大的挫败。赤壁之战结束了曹操开疆拓土的连胜势头，此后曹操的势力被局限于北方。

此时曹操的心情可想而知，他的征服南方的梦想已经随同他的南征舰队一起化为灰烬。

面对如此惨景，曹操说了句令在场群臣羞愧不已也令后世记忆深刻的话："若奉孝在，不使孤至此。"曹操说的人是郭嘉，字奉孝。这句话的意思是说，如果郭嘉在，我怎会遭受如此惨败。曹操这话表面是夸郭嘉，实则是批评在场众谋士，你们都不如郭嘉呀！能得曹操如此看重的郭嘉究竟是何许人也？

郭嘉，字奉孝，建宁三年（170）出生于豫州颍川郡阳翟县。

在介绍郭嘉之前，先要介绍他的家乡，还有东汉的名士成长史。对郭嘉而言，这些都是极其重要的。因为一个人的出身，他所处的圈子真的可以影响乃至改变他的命运。

东汉朝臣多出于颍川、南阳、汝南，这三地也被称为名士之乡。

东汉其实是在地方豪族的支持下建立的，刘秀称帝后，自然要投桃报李，分给这些大族更多的特权，这些豪族彼此又与乡党姻亲互为表里，逐渐发展为"世族"，也称"士族"。世族是指他们世代为官，家业常盛；士族是指他们大多以诗书传家。士族，即世族，又称"门阀""阀阅"。门阀是门第阀阅的简称，世族之称早在先秦就有，士族之称则是汉代才兴起，这同汉武帝的独尊儒术以儒取士紧密相关。

汉代的经学由家派来体现。《春秋》分《谷梁》派、《左传》派、《公羊》派，各派都有师承关系。传承中出现大师，又分出新派，各派相传，讲求家法。朝廷立的经博士以家学为准，在各派相传中，一些学派几乎成为私家之学，父子相传。他们凭借经学通向仕途，在地方大肆兼并土地，形成士人—官僚—地主三位一体的局面。

东汉经学世家的产生有时代的影响，开风气之先的就是刘秀。虽然这位皇帝的水平有限，但刘秀大力提倡儒学。上有所

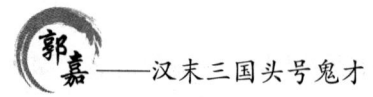

好,下必甚之。更重要的是通经是进入仕途的常规的稳定的途径。

东汉经学的传承讲求家法,逐渐形成家学。东汉以通经取士,经学世家由此长期稳定地享受高官厚禄,由累世经学而至累世公卿。经学世家,世代为官,成为东汉的标准模式。

士族相传的两个典型例子,一是汝南袁氏,以习孟氏《易》累世为官。袁氏以明经步入仕途。袁安以家学入仕,升为三公。袁安之子袁赏、袁京、袁敞也以孟氏《易》,名扬一时。袁京之子袁彭继承父业,官至太守。次子袁汤位至三公。袁汤之子袁成早卒,其弟袁逢、袁隗也是三公。袁氏四世三公,门生故吏遍天下,庞大的关系网与丰富的人脉成为袁成之子袁绍、袁逢之子袁术日后割据一方的重要资本。

另一家是弘农杨氏,以习欧阳《尚书》累世显族。东汉名臣杨震的父亲杨宝习欧阳《尚书》,隐居教授,名扬士林。刘秀称帝曾召其入仕,因年老作罢。其子杨震,明经博览,被士人赞为关西孔子。杨震走上仕途,最后位至三公。杨震之子杨秉子承父业,入仕也做到三公。杨秉之子杨赐继传家学,笃志博闻,教授门生,后征入仕,亦位居三公。杨赐之子杨彪习传家学,也做到三公。杨彪之子即是曹操的主簿杨修,后为曹操所杀。

出身决定发展——东汉的名士圈

士人—官僚—地主循环圈的形成与两汉的选官制度胶结在一起。两汉的选官制度主要是察举与征辟。察举又叫荐举，由三公九卿、地方郡守向朝廷推荐。征辟指征召聘请，皇帝直接聘请叫"征"，官府聘请叫"辟"。独尊儒术后，察举征辟的标准主要是按对儒学的造诣与德行而定。评定主要靠社会舆论，即所谓乡间清议。清议的中心内容就是对人物进行评价。东汉后期门阀士族控制了清议，出现了一批评论专家，如东汉末年著名人物评论家许劭，他评价曹操"清平之奸贼，乱世之英雄"。魏晋时期实行的九品中正制就是对清议评品人物的规范化制度化。实行九品中正制后，官僚特别是高级官僚的位置进一步由士族把持。

学而优则仕。通往仕途的知识被世家大族以家学的形式父子相承代代相传。而选人用人的推荐权又被这些在地方拥有雄厚势力的大族所掌握。

他们是考生，同时又是考官，于是，久而久之，读书做官便成为他们内部的一种游戏。

他们是世家大族，世代为官。同时，他们也是地方豪族，在地方树大根深。

这些家族往往通过乡党联姻的形式形成彼此交融的关系，以确保其家族能长久不衰。

东汉后期,地方大族的代表往往以名士的方式出现,他们一方面通过"世仕州郡"操纵乡党舆论主持选举,掌控地方政权;一方面又凭借政治文化上的优势与手中的选举权,以察举辟举从地方进入中央,通过数代人的经营,全面把持从地方到中央的仕进之路,这些家族世为公卿,从而进一步影响朝廷决策。

强大的政治影响力来自于更强大的经济实力。在古代社会,人口是衡量地区实力最有说服力的指标。

颍川、南阳、汝南三地形成的三角区是全国人口最多的地区,这三地的户口均过百万,人口稠密意味着经济繁荣社会富庶。

强大的经济实力同时也会提升地区的政治影响力。

在东汉后期的党锢之祸中,在全国具有政治影响的名士大半出于这三地。党人的领袖李膺、陈蕃分别来自颍川、汝南。在被禁锢的名士数量上,颍川、汝南分别以二十一人、十七人排在全国第一、第二。南阳因为是东汉帝乡的缘故未受波及。

中平六年(189),董卓带兵进京,随即掌控朝政,为笼络人心,他做的第一件事就是为党锢之祸中的党人名士平反昭雪,恢复其名誉,录用其子弟;第二件事就是征召名士入朝为官。而在党锢事件中最为活跃声名鹊起同时也是受打击最重的颍川名士是

出身决定发展——东汉的名士圈

此次选拔的重点。

这与颍川名士在党锢事件中发挥的作用密不可分，在各郡国中被禁锢最多的就是颍川名士。受打击最大的同时也说明颍川名士在全国的分量。当然这个安排与董卓个人也有关联。董卓虽是凉州人，但其父早年曾任职于颍川，董卓即是在颍川出生。

颍川，因境内有颍水流经而得名，治所在阳翟（今河南禹州），与汝南、南阳是东汉人口最多的三个郡。后来，曹操挟天子以令诸侯的许县也在颍川，这里距帝都洛阳也很近。

董卓掌权后着力提拔颍川名士，荀爽、陈纪、韩融等颍川世族名门代表，数月之间，便由布衣而至卿相，得高官获显位。

其中最典型的例子就是荀爽。他起征即拜平原相，人还在路上又升任光禄勋，这是九卿之一的高官，然而这还不算完。荀爽只做了三天光禄勋就走人了。不是有人欺负他，而是他又升官了，这次直接被拜为三公之一的司空。自被征召到位及三公，荀爽只用了短短九十三天。从布衣到三公，不足百日，这是东汉开国以来都少见的。

这当然不是说荀爽有多厉害，而是背后操控这一切的人是董卓。

靠军队夺权的董卓急于粉饰太平，为他装点门面，而之前在党锢之祸中惨遭打压的各地名士在朝野都享有极高的知名度,将这些名士请来,可以迅速淡化他的军阀属性,利用名士的声望,至少也能争取点人心,改变尴尬的处境。

这些名士虽然得做高官享受厚禄,却并不开心。原因很简单,他们出来做官是被迫的。

董卓的名声一直都不是很好,直白点说是相当臭。但董卓一上来就摆出我是流氓我怕谁的气势,对名士们各种逼迫,做官居然要靠逼,你就知道,董卓在官场这人缘得有多差。

董卓的做事风格,大家都是清楚的。让你去你还就得去。

秀才遇见兵有理讲不清。更重要的是,人家从一开始就没打算跟你讲理,人家只讲拳头。

名士们只能被迫出山。

董卓想用高官厚禄收买这些名士,尤其是颍川名士。他在颍川长大,对这里自然有几分亲近感。他是真把这些颍川名士当老乡,希望这些人能助他一臂之力,可是,后来发生的事情表明,这纯属他的一厢情愿自作多情。人家从来没有把他当自己人,还总想找机会干掉他,这些人里就包括被他火箭式提拔的荀爽。

对董卓的提拔,荀爽们并不领情。因为在这些人眼里,董卓就是一个祸国殃民的乱臣贼子,人人得而诛之。

出身决定发展——东汉的名士圈

董卓授予这些名士高官厚禄,他自己手下的将校却并没有被大范围晋升。

这也是董卓的狡猾之处。

被征召到京城的名士,虽然表面上很受荣宠,但基本就是政治花瓶,并没有实权。

以荀爽的三公司空为例,东汉开国,刘秀吸取前朝教训,罢黜丞相,削弱三公的权力,皇帝大权独揽,后来实在忙不过来,才将部分权力交给尚书台,因此,东汉的权臣不是三公而是尚书台的长官尚书令以及带有录尚书事头衔的各级官员。

荀爽的司空说得好听点,就是个摆设,象征意义远大于实际作用。

董卓的部将们虽然官职普遍不高却手握兵权,不图虚名,只讲实惠。靠枪杆子夺权的董卓知道他真正的依靠不是名士而是枪杆子。

董卓征召的这些名士也都不简单,在他们的背后都有一个强大的家族。他们都是地方实力派。他们都是地方豪强。

董卓征召这些人既有装点门面的意图,也有借机拉拢的意味。

时代在发展,社会在进步。

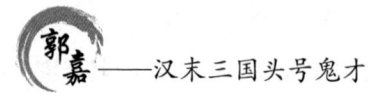

豪强也在进化。

西汉的豪强就是单纯的豪强,又豪又强。但到东汉就全变了。东汉的豪强开始与士大夫合流,彼此融合,真正做到你中有我,我中有你。从中央到地方,整个东汉帝国已经被豪强渗透得千疮百孔。黄巾之乱开始后不久,汉灵帝就被迫下令解除党锢,怕的就是这些地方豪强与黄巾军合作。

事实上,不管谁上台都不得不照顾这些地方实力派,得不到他们的支持,倒台是迟早的事情。

董卓之所以迅速垮台,这其中当然有他的胡作非为倒行逆施,但得不到地方豪强的支持也是重要原因。

以董卓的这次征召来说,荀爽来自颍川颍阴荀氏,陈纪来自颍川许县陈氏,韩融来自颍川舞阳韩氏。

颍川郡有四大名门,分别是颍川荀氏、颍川陈氏、颍川韩氏、颍川钟氏。

此时颍川长社钟氏尚未出场。

颍川荀氏的崛起则要从荀爽的父亲荀淑说起。

荀淑是战国时期的思想家荀子的第十一世孙。他在士大夫群体中的声望极高,世人将他与陈寔、钟皓、韩韶并称为"颍川四长"。他们都是颍川人,都是名士,官做得都不大,这四人的官

出身决定发展——东汉的名士圈

职都是县令,但他们的影响力连许多郡守刺史这些封疆大吏都比不上。

他们互相支持互相捧场,知名度高的一个重要原因就是他们交友广泛,当然,身为名士的他们交往的也都是名士。他们也很会包装营销。

荀淑就是一个礼贤下士的典范。

当时有个有才的后生叫黄宪,出生贫贱,被称为"牛医儿",因为他的父亲是兽医,给牛看病的。

有一次,荀淑到了黄宪的老家慎阳(今河南正阳县),只见这个少年仪表非凡,谈吐过人。荀淑大为惊异,与黄宪交谈整日,挪不开脚步,还上前作揖道:"子,吾之师表也!"

告别黄宪后,荀淑遇到当地的名士袁阆。袁阆没来得及跟他打招呼,荀淑就说:"你们当地有一位堪比颜回的贤人,您知道吗?"袁阆一听就明白,说:"您一定是见到黄宪了。"荀淑拜黄宪为师的故事,一时传为佳话。

荀淑在名士中威望之高名气之大,当世罕有可比。李膺是党锢事件中的名士领袖,能够得到他青睐肯定的名士被称为"登龙门"。而就是有如此人望的李膺也拜荀淑为师。

后来,荀淑弃官归隐,专注于家教,他生有八个儿子,个个

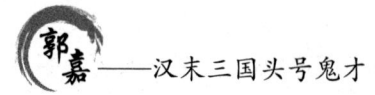

才华横溢，人称"八龙"。

荀淑八子：荀俭、荀绲、荀靖、荀焘、荀汪、荀爽、荀肃、荀旉。八子中最知名的就是被董卓征召的六子荀爽。

党锢之祸起后，荀爽因与清流领袖李膺过从甚密，受到牵连，不得已逃到汉水之滨隐居，专心治学，穷尽二十年之功，成为一代硕儒。

花甲之年的荀爽才得到朝廷征召，可遇上的却是乱世。荀爽劝董卓不要滥杀，却又眼睁睁看着洛阳被董卓一把火烧成灰烬。荀爽淡泊名利，即便董卓让他不足百日就从一介布衣到位列三公，他也不愿与之合作。司徒王允等人计划刺杀董卓，荀爽也有参与，但事情未成就因病去世。多年以后，他的侄子荀彧才将荀爽的棺椁迎回颍川老家安葬。

从荀淑名满江湖到荀爽位列三公，荀氏门第已成。颍川荀氏也从地方豪族成为中央世族。但令荀氏得以在魏晋之际光大的却是荀彧。他是荀淑的孙子，荀绲的儿子。东汉后期名士众多，颍川名士是其中极其重要的存在。而在颍川名士中，居于领袖地位的就是荀彧，他是名士中的名士，出乎其类拔乎其萃。

郭嘉出山
——荀彧推举乡党之谊

自董卓进京,独裁专制,关东各路诸侯便不再听其号令各自为政,东汉已然名存实亡。而颍川靠近帝都,平时这是优势,但此时却是极其危险的。

智者睹于未萌,见微知著。

荀彧敏锐地意识到天下不久将乱,而处于关中与关东枢纽之地的颍川必然首当其冲。

此时荀彧也在朝中为官,但他毫不迟疑弃官归家,对父老乡亲族中长老说:"颍川是四战之地,若天下有变,必受波及,城门失火殃及池鱼,颍川不宜久留,应速速撤离,躲避战火。"

但乡人大多依恋故土,不愿离乡,荀彧只好独自率领愿走的宗族子弟前往冀州避难,并与先期投奔袁绍的弟弟荀谌会合。不久,关东十八路诸侯起兵讨伐董卓,双方在洛阳周边摆开战场,血腥厮杀,颍川郡县果如荀彧所言,惨遭乱兵屠戮,荀彧的乡人大多死于战乱。

郭嘉出山——荀彧推举乡党之谊

荀谌投靠袁绍,与郭图、辛毗等形成一个由颍州名士组成的智囊团。但袁绍手下不止一个智囊团,还有一个来自冀州的本土名士智囊团如审配、田丰、沮授等。与颍川名士相同,这些冀州名士每个人背后也都有着一个强大的家族。这两拨人都是人才,但有人在的地方就会有斗争,有人在的地方就会有小圈子小团体,就会有派系。

这两派为了各自的利益争斗不休,在后来迎奉汉献帝、官渡之战、袁氏继承人等大问题上互相恶斗,曾经最强的诸侯袁绍集团也在不停的内耗之中走向崩溃。

而此时荀彧正带着他的族人千里迢迢来到河北投奔袁绍,因为袁绍是当时公认的名士领袖,世家大族的代表,也是他们最大的希望。他们将恢复旧秩序的希望都寄托在袁绍身上。他们相信这个四世三公的袁氏领头人能带着他们重现昔日的风光。

荀彧也是这么想的。但他很快就失望了。他发现袁绍不是他心目中那个能力挽狂澜的主公,那就只能另投明主。

良禽择木而栖,贤臣择主而事。

群雄争霸的乱世,君择臣,而臣亦择君。

那荀彧当初为何要投奔袁绍?因为这是当时士人的标准操作。董卓乱政,群雄逐鹿,天下大乱。士人首先想到的就是去投奔袁绍。这个人是他们的首选，也是为数不多的选择。对荀彧而言也是如此。因为此时放眼望去，可以投奔的人屈指可数。这时的曹操还很弱小且自身难保，有时还要靠他大哥袁绍关照。

但荀彧还是决定离开，因为他发现，河北的水太深。这里不适合他的发展。初平二年（191），二十九岁的荀彧掉头南下，来兖州投奔尚在草创时期的曹操。

此时的曹操正是求贤若渴的时候，急需人辅佐。听说荀彧来投，曹操大喜过望，对荀彧说："吾之子房也。"你就是我的张良！之后，一些荀氏族人跟随荀彧投奔曹操，另一部分则随荀谌留在袁绍那里。

在局势不够明朗的情势下，对一个家族而言，这也许是最好的选择。作为颍川士族的翘楚，荀氏家族成员在乱世中风云际会，却有着不同的抉择。

荀彧的志向是匡扶汉室，这时的曹操也有此意，此时的他，实力还不够强，野心也还没有那么大。

关东诸侯起兵讨伐董卓，大多数人都是虚张声势出工不出力，真正与董卓殊死血战的从头到尾只有曹操跟孙坚两人。

曹操率领七拼八凑临时组织起来的数千人与董卓帐下大将徐荣在汴水河畔只打了一仗就全军覆没，曹操也差点命丧当场，靠

郭嘉出山——荀彧推举乡党之谊

着部将曹洪将马匹让给他才侥幸捡回一条命。曹操这是真的拿命在拼。之后,曹操又以少胜多杀败青州黄巾迫其投降加以收编,迅速掌控兖州。

这些都被荀彧看在眼里,荀彧就此认为非曹操不能扫平群雄以匡扶汉室。荀彧很快就成为曹操的首席谋士,曹操更是须臾离不开荀彧。

曹操原本想趁着徐州牧陶谦病死攻下徐州,荀彧却向他进言:"昔日汉高祖保关中,汉光武帝据河内,都是'深根固本以制天下',进可攻,退可守,故虽有困难失败的时候,但终成大业。将军在兖州起兵,平定青州黄巾,百姓诚心归附,且河、济是天下之要地,虽已残破,尚可自保,这是将军的关中、河内。"

曹操采纳了荀彧的建议,用心巩固在兖州的统治,大兴屯田,招兵买马,并于建安元年(196),将流离失所的汉献帝接到颍川郡治下的许县(今河南许昌),"奉天子以令不臣"。这是曹操早期做出的最重大也是最正确的决定。

在迎接汉献帝的事情上,很多人表现出迟疑犹豫,关键时刻是荀彧力排众议全力支持才最终促使曹操下定决心。正是这个决定让曹操在与袁绍的竞争中从甘拜下风到分庭抗礼再到压倒对方

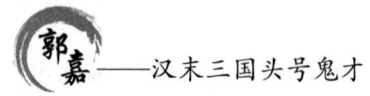

占据上风。

乱世，人才最贵。能吸引人才留住人才的诸侯才能挺过群雄逐鹿的淘汰赛进入三国鼎立的决赛。

曹操与袁绍的竞争，人才是关键。至于结果，大家都知道，曹操获胜。但获胜的原因，却有很多人不是十分清楚。

开局，在吸引力方面，袁绍对曹操简直就是碾压。全国，主要是中原的名士，选主公的时候第一时间想到的都是袁绍。

这里面袁氏四世三公的背景光环是第一加分项，而且，袁绍本人也是能力超群仪表堂堂，极具领袖魅力。讨伐董卓时，众人一致推举袁绍为盟主就是证明。

至于曹操，他的那个出身，大家都知道也都很鄙视。尽管，曹操拼尽全力往名士堆里钻，赢得部分人的好感，但也是有不少人不买他的账。

在这对曾经的发小分开单干的最初几年，袁绍不论是地盘规模还是人才数量都是曹操望尘莫及的。两人完全不在一个级别。

但转折很快出现。建安元年（196），曹操将汉献帝迎到许县，形势就完全不同了。

领导在的地方才是中央。各方士人听说皇帝在许县纷纷前来投奔。曾经名不见经传的小县城，顿时热闹起来，一时人才济

郭嘉出山——荀彧推举乡党之谊

济。

他们中的很多人是来投奔朝廷不是投曹操的。孔融就是一个典型例子。孔融不喜欢曹操，可是，他还是来到许县，因为皇帝在这里。但对曹操来说，投奔朝廷就是投奔他，至少此时差别不大。

荀彧不仅是曹操的谋士，还是他的组织部长。曹操的骨干班底基本是荀彧给他搭起来的。

颍川名士云集许县。荀彧则开启推送模式，不停地向曹操推荐人才。

曹操手下的另一位重要谋士荀攸，比荀彧大六岁，论关系却是荀彧的族侄。荀攸也是一个不可多得的人才。荀攸从小机警过人，他的祖父去世后，有个叫张权的属吏主动向荀家要求去守墓。小荀攸觉得事出反常必有妖，就告诉他的叔叔，这个张权看起来贼眉鼠眼，肯定不是好人。

这一番话惊醒众人，荀家人一查，才知道张权是个逃犯，不过是想借守墓藏身，从此对荀攸刮目相看。

董卓掌权时在朝为官的荀攸也参与了刺董计划，因机密泄露被关进大牢，就在要被处斩的时候，董卓却被吕布杀了。

曹操在许县迎回汉献帝，以荀彧为尚书令全面负责朝廷的

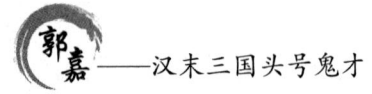

日常运作。之前说过，东汉有实权的不是三公而是尚书令。三公只是坐而论道的荣誉职位，尚书令才是真正主持朝政的实权官员。

经过董卓之乱，百官奔散，许县的朝廷急需大量人才填补各个岗位。既然要用人，当然要用自己人。曹操的曹氏宗亲自然是首选，受重用的还有他的夏侯氏亲族子弟，但仅靠这些人是远远不够的。曹操本人忙于征战，朝廷的事情，大多数时候只能交给荀彧。但荀彧是主持全局的，靠他一个人也是忙不过来的，具体落实还需要各种人才。曹操便让荀彧推荐人选。

荀彧也不推让，举贤不避亲，向曹操推荐他的族侄荀攸。虽然是族侄，但荀攸比荀彧还大好几岁。曹操对荀攸十分赞赏，曾对荀彧等人说："公达（荀攸的字），非常人也，吾得与之计事，天下当何忧哉！"

在擒拿吕布、火烧乌巢的多次谋划中，荀攸行事周密，计谋百出，多次立下大功。

曹操对这叔侄俩也十分信任言听计从，他说："荀令君之进善，不进不休；荀军师之去恶，不去不止。"颍川荀氏在新朝廷的地位也因荀彧与荀攸的出色贡献得以确立，成为魏晋之际的政治豪门。

郭嘉出山——荀彧推举乡党之谊

建安元年（196），曹操颇为器重的谋士戏志才去世，这令事业刚刚起步的曹操伤感不已。但正处于上升期的曹操急需人才，特别是善于出谋划策的智囊。荀彧当然是第一流的谋士，但被誉为王佐之才的荀彧更多的是政略人才。曹操也需要陈平那种能出奇招妙策的谋士。戏志才应该就是这类人，但他的事迹不详，他的淡出却给另一个人提供了施展才干的平台。

曹操让荀彧给他推荐一个可以替代戏志才的人，荀彧还真就给他推荐了一个。此人便是本书的主角郭嘉。

之前推荐荀攸是举贤不避亲，那么这次荀彧举荐郭嘉就是荐贤不避友。

曹操知人善任，而他的组织部长荀彧更是慧眼识才。曹操要他推荐奇士，而他也不负所托。郭嘉被后世誉为三国鬼才。从郭嘉的生平经历以及他的建言献策来看，这个称誉实至名归。

郭嘉最擅长的就是出奇谋划奇策。鬼才都是剑走偏锋，不走寻常路。郭嘉的谋略才策行事风格完全符合这个标准。

曹操说荀彧是他的张良，那么郭嘉应该算得上是他的陈平了。

曹操跟郭嘉有过一次可以算作面试的谈话，结果双方都很满意。曹操说："使孤成大业者，必此人也！"郭嘉也面露喜色说：

"真吾主也!"

曹操认可郭嘉,认为这个人能辅佐他扫平群雄。郭嘉也认定曹操,认为此人才是值得他辅佐的主公。

曹操不是郭嘉第一个投奔的人。早在六年前,弱冠之年的郭嘉便北上冀州前去投奔袁绍。

就在荀彧放弃袁绍南下之际,郭嘉北上也来到河北。不过,很快,他就做出了与荀彧相同的决定,离开袁绍。因为郭嘉发现袁绍不是他理想中的明主。郭嘉从河北南下并未前往他处而是直接回了家乡,从此隐居不出,鲜与人往来,这一待就是六年。

郭嘉与曹操的相遇,靠的是介绍人荀彧。这再次印证了本文开篇的那句话,出身跟圈子可以决定一个人的命运。

郭嘉出身于颍川郭氏。魏晋之际颍川有四大政治豪门,分别是荀氏、陈氏、韩氏、钟氏,代表人物有荀彧、陈群、韩馥、钟繇。

颍川郭氏虽然比不上这些家族,但在当地也有些声望。不管是家族还是名士,在他们内部也是分层的。如果说四大豪门属于一等,那么郭氏应该可以算作二等。因为再低,双方可能就不会有交集了。

郭嘉与荀彧都是颍川名士圈的人,所以,荀彧才会向曹操推

郭嘉出山——荀彧推举乡党之谊

荐郭嘉。而以荀彧做事认真负责的态度,他推荐一个人,对这个人想必应该是很了解的。

同为名士,一个圈子,颍川老乡,又都出身名门。这些交集才让郭嘉跟荀彧走到一起。荀彧又与曹操走到一起,才有最后曹操与郭嘉的君臣际遇。

如果说荀彧与曹操是志向相同,因为他们此时的目标都是重建朝廷恢复秩序,那么,郭嘉与曹操就是志趣相投。

曹操上表皇帝策命郭嘉为司空祭酒。因为此时的曹操担任的是三公之一的司空。三公可以自募僚属,司空祭酒自然是司空的属官。

受《三国演义》的影响,很多人以为曹操迎献帝都许从此就过上了挟天子以令诸侯的逍遥日子。挟天子也许属实,但令诸侯,曹操却做不到。

曹操刚把皇帝迎到许县就被拜为大将军封武平县侯。曹操受封的同时也没忘记当年在洛阳的玩伴发小、如今的合作伙伴袁绍。这两人都是在帝都洛阳长大,从小便相识,青年时代更是以玩闹闯祸闻名京师,江湖人称"洛阳鸡飞狗跳二人组"。只要这俩人凑一起准没好事。两人还一起干过偷新娘子的闹剧。董卓乱政,这哥儿俩也是不约而同,几乎同时逃出洛阳。

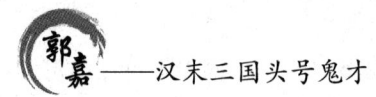

此后,两人一南一北,虽然各自发展但也时常互相帮助。但随着建安时代的到来,北方的形势愈发明朗。有希望统一北方的只有袁绍跟曹操,剩下的都是陪衬。

说话是门艺术
——郭嘉的十胜十败论

随着形势的发展，曹操与袁绍的关系也开始发生微妙的变化。而建安元年就是一个重要的转折，两人由合作转向对立。转折点即是曹操的迎帝都许。

曹操成为大将军，袁绍也被拜为太尉，封邺侯。按理说，这个待遇不低，但袁绍不干了，因为太尉虽高但级别还在大将军之下。而从小到大，袁绍都是压过曹操一头的，最受瞩目的都是袁绍，曹操这些年都是排在袁绍的后面。袁绍不能容忍这种超越，发脾气，不肯接受。因为谁都知道，任命的诏令虽然是以朝廷的名义发出，但真正做决定的是曹操。汉献帝从即位以来都是名义上的国家元首，直到他被逼退位，也没有掌过实权。

袁绍闹情绪。曹操只好让出大将军，自己做司空，因为此时的曹操还不敢惹怒袁绍，原因也很简单，实力不如人。

曹操自然是不甘心总被袁绍这么压制。想获得对等的地位就要有对等的实力。但黄河以北已经是袁绍的势力范围，曹操想发

说话是门艺术——郭嘉的十胜十败论

展只能向南。

于是,建安二年(197)正月,曹操率军南下征讨盘踞宛城的张绣。因为周边诸侯,就数张绣的实力最弱离这也最近,吃柿子拣软的捏,曹操带兵就奔着张绣去了。

张绣的反应倒也干脆,直接跪了。不用曹操动手,张绣主动投降了。曹操兵不血刃轻取宛城。

得意之余,曹操就忘形了。

用一位知名教授的话,骄傲的曹操尾巴翘起来是可以当旗杆的。

在接收的时候,曹操听说张绣的婶婶很漂亮,便来了兴致,将其召来侍寝。曹操喜欢人才也喜欢美女。到处风流的曹操认为这不过是一次寻常的艳遇,但曹操做梦也想不到他的这个举动会引来一场兵火。

曹操睡了张绣的婶婶,直接引发张绣的暴走。用当下的流行语讲,伤害性不大,但侮辱性极强。愤怒的张绣降而复叛,对曹军发起突然攻击。曹操正与美人在闲人免进的地方畅谈人生理想,对张绣的反叛全然没有防备,被打了一个措手不及。幸亏贴身侍卫猛将典韦舍命保护,曹操才逃过一劫。曹操是逃出来了,但他的长子曹昂却没他老爹这份运气,死于乱军之中。曹操想不

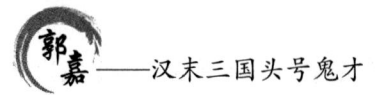

到一夜风流居然要付出这么沉重的代价。

打了败仗狼狈不堪的曹操痛失爱子又折损大将，心情低落到极点。此时他曾经的好兄弟袁绍听说后，不但不安慰，还冷嘲热讽出言羞辱。

这曹操如何忍得了，当即就要跟袁绍开战。但冷静下来想想，以他现在的实力不是袁绍的对手。忍不下这口气，打又打不过，曹操很郁闷。

这时郭嘉出场了。他说："主公，当年刘邦项羽楚汉相争的故事您不陌生吧。刘邦不论兵力还是领兵征战的能力都远不如项羽，只有智谋胜过项羽。刘邦虽弱项羽虽强，但终究项羽还是被刘邦打败。虽然眼下袁绍的实力强过我们，但强弱是可以相互转化的。主公您有十大优势，袁绍有十大劣势。眼下袁绍虽强但终将为主公所败。"

此时的曹操兵败宛城损兵折将又被袁绍羞辱，自尊心极强又爱面子的曹操面对羞辱却只能忍受，他内心的痛苦找不到发泄的出口。

但郭嘉以他的十胜十败论轻松化解了曹操的痛苦，令处于人生低谷的曹操重拾信心。郭嘉不仅足智多谋，更能体察人心。

郭嘉智商高，情商更高。他不仅能出谋划策，更明白以何种

说话是门艺术——郭嘉的十胜十败论

方式来让对方以十分舒服的方式接受。

郭嘉不仅仅是献计献策的谋士,更是能在主公失落时出言安慰的知心暖男。这种人走到哪里都会受欢迎。也难怪曹操将郭嘉视为心腹。

郭嘉说:

袁绍繁礼多仪,主公体任自然,此道胜也;

袁绍以逆动,主公奉顺以率天下,此义胜也;

桓、灵以来,政失于宽,袁绍以宽济宽,故不摄,主公纠之以猛而上下知制,此治胜也;

袁绍外宽内忌,用人而疑之,所任唯亲戚子弟,主公外易简而内机明,用人无疑,唯才所宜,不问远近,此度胜也;

袁绍多谋少决,失在后事,主公得策辄行,应变无穷,此谋胜也;

袁绍高议揖让以收名誉,士之好言饰外者多归之,主公以至心待人,不为虚美,士之忠正远见而有实者皆愿为用,此德胜也;

袁绍见人饥寒,恤念之,形于颜色,其所不见,虑或不及,主公于目前小事,时有所忽,至于大事,与四海接,恩之所加,皆过其望,虽所不见,虑无不周,此仁胜也;

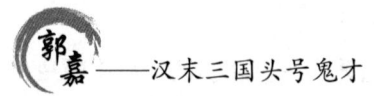

袁绍大臣争权,谗言惑乱,主公御下以道,浸润不行,此明胜也;

袁绍是非不可知,主公所是进之以礼,所不是正之以法,此文胜也;

袁绍好为虚势,不知兵要,主公以少克众,用兵如神,军人恃之,敌人畏之,此武胜也。

郭嘉的十胜十败论说得曹操心情大好,刚才还愤愤不平紧皱眉头的曹操听过郭嘉的这一番话不禁眉头舒展露出笑容,心里舒服多了,面子也找回来了。

曹操笑道:"如卿所言,孤何德以堪之!"我哪有你说的那么好呀。曹操嘴上说着谦虚的话,但心里却是美滋滋的。之前被袁绍揶揄挖苦的不快,经过郭嘉的一番十胜十败的夸赞,一扫而光。

很多人只注意到十胜十败,却忽略了郭嘉接下来的话。

在说出十胜十败的理论后,郭嘉又说:"当前袁绍正率军北击公孙瓒,可因其远征,东取吕布。如果袁绍南下为寇,吕布在徐州为之声援,南北呼应,形势将对我们大大不利。应趁此时机,讨平吕布。"

说话是一门艺术,学会好好说话更是学问。而在这次谈话

说话是门艺术——郭嘉的十胜十败论

中,郭嘉将他的说话艺术发挥到了极致。

十胜十败里面不乏鼓励夸赞的成分,说是奉承也可以。但不得不说,里面的很多东西还是有所依据的。这里面有虚有实,有对曹操优点的肯定,也有对曹操的鼓励期待,更有对袁绍缺点的全方位揭露。这是郭嘉深思熟虑的结果,如此条理清晰的分析不会是即兴发挥。

曹操是聪明人,自然能听懂郭嘉的话。

而郭嘉选择的这个时机可谓恰到好处。

曹操打了败仗,又受到袁绍的羞辱,不管是出于私愤还是公心,面对众多部下,他必须有所表示,拿出态度,做出要跟袁绍算账的姿态。但同时,大家又都十分清楚,眼前的形势,袁强曹弱,这个仗打不得,至少时机未到。这是个很尴尬的处境,曹操需要找个台阶下。郭嘉及时将他的十胜十败论当众说出,便化解了这个尴尬,给曹操找了一个很好的台阶下。

郭嘉的分析有理有据,他告诉曹操,当然也是对众人说,袁绍别看他此时嚣张,他有这么多缺点,我们的主公如此优秀,袁绍是外强中干,咱们爷们儿早晚能打败他。击败袁绍,那是迟早的事。只不过眼下我们还有更重要更急迫的任务,那就是收拾吕布,等摆平吕布,解除后顾之忧,咱再去跟袁绍算账。

如此既能化解眼前的尴尬，又委婉地说出当前最应该采取的策略，先易后难，先南再北。先打实力较弱的吕布，积蓄足够的实力再与袁绍决战。

郭嘉的进言既给足了曹操面子，又达到了献策的目的。

曹操不是笨人，他当然清楚郭嘉如此做的良苦用心，在心里也给郭嘉记下一个大大的好。

当时在场的还有荀彧，他也赞同郭嘉的策略，但他说话的方式跟水平却远远不如郭嘉。

荀彧说："河北不易攻取，不如先征吕布。"

道理是这个道理，但话不能这么说。

郭嘉之前费尽唇舌就是为了避免这个尴尬，回避这个人所共知的事实。结果，郭嘉费了半天劲，被荀彧的一番直言全给毁了。

袁绍不好打，吕布容易打。这是大家都知道的，显而易见。

但郭嘉说袁绍是外表强大实际虚弱。我们先不打他不是他强大我们不敢打，而是我们出于策略的考虑才要先打吕布。先打吕布也不是因为他弱容易打，而是从全局上考虑，先打吕布是为了避免他与袁绍勾结使我们腹背受敌。这么讲完全说得通。

荀彧倒是直接解开遮羞布，一点不顾及曹操的面子，直说袁

说话是门艺术——郭嘉的十胜十败论

绍很强不好打,吕布实力弱还是先打他吧。

这当然是实话,荀彧的做法却完全不考虑曹操此时的感受,这种直言,曹操当然能够接受,但恐怕心里是不舒服的。

与人相处最重要的就是彼此舒服。显然荀彧的说话风格,曹操是不喜欢的,他们的相处也不是十分愉快的,只不过这时他们有着共同的目标,彼此又深度绑定。荀彧的这种性格也预示了他的悲剧命运。

曹操对荀彧是尊敬,但他们之间始终是有距离的。

与之形成鲜明对比的是,郭嘉的进言献策不仅谋划出色,更讲求方式方法,令曹操不仅接受,而且是愉快地采用。

曹操与郭嘉不仅是君臣,也是知心的朋友。

曹操对郭嘉是亲近。他们是可以说知心话的。

十几年后,荀彧被逼死,他的遭遇令人同情,却并不意外。

郭嘉却是被曹操当作托孤之臣来对待的,曹操曾多次对人表露过这种想法。如果不是郭嘉死得早,他的地位和影响与荀彧将不相上下。

郭嘉不仅足智多谋,而且懂得进退,知道如何进言,把话说得舒服入耳。所以,曹操虽然谋士众多,但他最喜欢的引为知己视为心腹的还是郭嘉。

但荀彧也有他的优点，那就是极广的人脉，他可算是颍川名士的实际领导者，可以说是一呼百应，这点又是郭嘉难以相比的。这即是寸有所长尺有所短，曹操的优点正是用人所长。

曹操采纳了郭嘉的计策，暂时不与袁绍计较，专心南下。

曹操对郭嘉言听计从，不是别的谋士不会出谋划策，而是只有郭嘉知道以何种方式能让曹操接受他的建议。郭嘉不仅是智商高，情商更高。郭嘉的话曹操爱听。郭嘉的建议会第一时间保护曹操的自尊给他满足感成就感，然后再以曹操认为最舒服的方式提出他的建议。曹操感受到了被尊重甚至被宠爱的感觉，郭嘉的话，不仅能接受，还能愉快地接受。

袁绍在曹操兵败宛城最难受的时候说最难听的话，挖苦曹操。本就心烦气躁的曹操这才忍不住要找袁绍拼个你死我活一决雌雄。

男人最看重面子，曹操尤其如此。不要被曹操豪爽洒脱的性格外表所迷惑，他的内心其实极度敏感，虽然谈不上脆弱，但也不容人去刺激，这可能与他的出身有关，豪爽的表象下是深深的自卑，特别是面对袁绍时，这种自卑尤其强烈。

曹操的性格争强好胜，可与他从小玩到大的袁绍不论家世还是声望处处都压他一头。这让曹操很不爽，曹操渴望战胜袁绍，

说话是门艺术——郭嘉的十胜十败论

渴望超越这个人,但现实是,这么多年他还是生活在袁绍的阴影下,吕布入主兖州,要不是袁绍帮忙,出兵出粮,及时援助,曹操未必能挺过这一关。这就更令曹操难受。如果换成其他人,曹操的反应不会如此强烈,但袁绍的话,曹操极为在意。

因此,当袁绍羞辱他的时候,曹操才会激动,才会控制不住自己,谁劝都不好使,谁拦都拦不住。只有郭嘉明白曹操的心思。因为郭嘉洞悉人心,他知道如何维护曹操的自尊。这时,郭嘉及时说出他的十胜十败,说曹操哪哪都比袁绍强,咱们狠起来能吊打袁绍。但实际情况是此时的袁绍兵强马壮却是可以轻松吊打曹操。这时的曹操完全不是袁绍的对手。郭嘉的十胜十败要表达的是,袁绍兵众虽多但不足为惧,徐州的吕布才是我们的心腹大患。先别搭理袁绍,咱们先去揍三姓家奴。

男人最渴望的是被尊重,最喜欢的是被崇拜。

男人更愿意被人哄。

男人至死都是少年。

但曹操也有他的隐忧,那就是关中众将的态度。在中原袁曹两强对立的格局下,特别是袁强曹弱的形势,关中各路军阀的表态就很关键了。

他们如果投向袁绍,那曹操就不是被南北夹攻而是被四面包

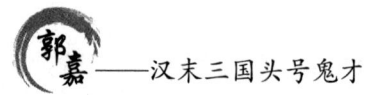

围。

他们如能投向曹操，那曹操就不用担心侧翼威胁，可以专心南下去打吕布。

这时候就需要用到荀彧的长处了。在荀彧的推荐下，颍川四大名门之一的钟氏代表钟繇出场，他被曹操派往关中坐镇长安以安抚那些大大小小的军阀。

荀彧再次举贤不避亲，推荐的还是他的颍川老乡，但钟繇在长安的表现也相当出色。直到十年后曹操出兵关中主动挑起战争之前，那里的形势都很稳定。荀彧举荐的人，从郭嘉到钟繇，在举贤这点上，荀彧从未让曹操失望。

以水困城
——郭嘉献计夺徐州擒吕布

荀彧、郭嘉都建议曹操打盘踞徐州的吕布。原因当然是上面提到的，相比袁绍，吕布好打。但还有一个原因，那就是他们都知道曹操对徐州也心心念念很久了。曹操的老爹甚至为这把命都搭进去了。曹操之前为打徐州也差点连老窝兖州都丢了。要不是荀彧在后方坐镇，曹操就只能流浪了。付出的代价如此之大，对徐州，曹操自然是志在必得，非取不可。

自董卓专权京师喋血天下大乱以来，关东各路军阀纷纷起兵，打着讨伐董卓的旗号，却干着兼并友军的勾当。

董卓盘踞关中时，他们不敢出兵，只会躲在大营里喝酒吹牛。最后董卓是被他的贴身卫队长吕布干掉的。

吕布杀了董卓却被董卓的部下李傕、郭汜等人赶了出来。吕布只能去关东投奔诸侯。

当初袁绍、袁术哥儿俩逃跑的时候相当狼狈，也来不及带家属，结果袁氏留在京城的亲属都被董卓杀了。

以水困城——郭嘉献计夺徐州擒吕布

按理说，吕布杀了董卓也算是给袁氏兄弟报了仇，有恩于袁氏，现在去投奔应该会受到优待。吕布是这么想的，可是他错得很离谱，他先后投奔袁术、袁绍，但这哥儿俩都没给他好脸色，甚至还想杀他。多亏吕布江湖经验丰富，见形势不妙使了一招金蝉脱壳才躲过追杀，死里逃生。

这时正赶上曹操南下去打徐州，后方空虚。曹操之前与兖州的名士们又有点小矛盾，在陈宫的率领下这些人集体叛变投了吕布。这波操作搞得曹操极为狼狈，不得不吐出吃到嘴边的肥肉，暂时放弃徐州回去跟吕布抢地盘，曹操打了一年多才把吕布打跑。持续一年的兖州争夺战令曹操心力交瘁，也让他跟吕布结下深仇。

徐州是必争之地，吕布是必杀之人。在与袁绍决战之前，必须扫清后方的隐患，曹操打吕布的理由十分充分。

徐州这几年是特别的热闹，三年换了三个老板，这三个轮换的主人分别是陶谦、刘备跟吕布，当然很快这里又要易主，第四任也是最终的老板曹操正在赶来的路上。

关东诸侯讨伐董卓时进一步退两步，但打起友军来一个比一个生猛。人们以为董卓死了，国家会太平了。可是，讽刺的是，这是大乱的开始，随之而起的是军阀混战，比之前更乱了。

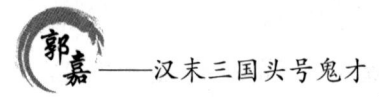

带头搞乱的正是当初喊口号喊得最凶的袁氏兄弟,袁绍与袁术。

他们逃离洛阳后,一个往南逃,一个向北去,从此分据南北再未相见。

这哥儿俩在群雄之中都占有一席之地,他们都充分利用了袁氏四世三公的人脉资源,在很短的时间里便从被通缉的流窜犯进化到拥兵割据的一方诸侯。

袁绍逃出洛阳不久就空手套白狼夺得实力最强的冀州,之后又连夺青州、并州,经过苦战打败公孙瓒夺取幽州,实力最强时跨有四州之地,一度是最强诸侯,连曹操都要靠边站。

袁术的水平不如袁绍,但他有个很能打的下属孙坚,这个孙猛人帮他打下南阳,袁术又占据半个豫州,虽然很快就被曹操赶走,但依旧占据淮南。

这兄弟俩都有做皇帝的心思,袁术盘踞的南阳那是刘秀起兵的地方,袁绍去的河北更是刘秀的福地。

野蛮生长的背后是雄厚的资源堆出来的。有一个人的遭遇与他们形成鲜明对比,此人即是刘备。

刘备虽然有个汉室宗亲的身份,但在他起兵之初,这个身份对他实际没有用处。汉室宗亲只是他功成名就之后的一个附加

以水困城——郭嘉献计夺徐州擒吕布

分。

刘备是靠平定黄巾起家的,奋斗十年都是给别人打工。杀败黄巾好不容易靠军功获得一个安喜县尉的职位,但很快就因为上面没人被赶走。

十年之后,机缘巧合,加上他个人的努力终于成为徐州之主一方诸侯,可刚坐上位置,就被吕布赶走再次沦为打工族。

为何说普通人很难靠自己的努力出人头地,看看袁氏兄弟如何轻松上位,再看看刘备一路走来的艰辛,答案都在里面了。

袁氏兄弟靠的是四代人的人脉积累资源沉淀,刘备仅靠自己的努力奋斗,差距显而易见。

但同为名门世家出身,袁术却看不起袁绍,原因还在于出身,因为袁术是嫡出,袁绍是庶出,在宗法制度下,这个差距是巨大的,巨大到很多人用尽一生也难以跨越。这种差别在著名的古典小说《红楼梦》里体现得最为典型,贾宝玉就是嫡出,贾环就是庶出。作者将贾宝玉写成仪表堂堂的多情公子,却将贾环写成长相丑陋形容猥琐的小人。作者的这个形象设定就表达出了人们对嫡出与庶出的态度。

当然,事在人为,总有例外,比如袁绍与袁术就是。虽然袁绍是庶出,袁术是嫡出,但袁绍却处处胜过袁术。

兄弟二人分据南北，天下名士却只知袁绍不知袁术。群雄割据，名士们纷纷北上投奔袁绍，就连荀彧、郭嘉都是先投袁绍后投曹操，至于袁术几乎没有哪个名士去投他，一边门庭若市，一边门可罗雀，这就很尴尬了。

明明出身更好，为何袁术不被待见呢？首先还是能力，不管袁术如何自带优越感，袁绍的能力水平都远胜于他。其次是袁术的骚操作，袁术在南阳的地盘是他的部下孙坚抢来的，为此，孙坚先后诱杀南阳太守张咨和荆州刺史王叡，这俩人都是名士圈的人，这个举动直接导致袁术在这个圈子身败名裂，名声臭大街。从此，名士们视袁术为乱臣贼子。

大家这么看他也不是没道理的。袁术虽然不招名士待见，却很受土匪强盗欢迎，跟各路山贼草寇关系都不错，例如河北的黑山军，豫州黄巾军，流落中原打劫为生的南匈奴，这些人也愿意投奔他。有一个词叫臭味相投，用来形容袁术跟他的狐朋狗友是再合适不过了。

初平年间，论政治影响力，就数这哥儿俩最有号召力，一个被名士拥戴，一个被土匪追捧。袁绍与袁术都有自己的粉丝群，两兄弟相互鄙视，经常对骂，各路诸侯也以两兄弟为中心形成公然对立的两派。

以水困城——郭嘉献计夺徐州擒吕布

袁绍这边的盟友是他的发小曹操、汉室宗亲刘表，袁术那边有割据幽州的公孙瓒，据有徐州的陶谦。

哥儿俩奉行的都是远交近攻。袁术拉拢公孙瓒打袁绍，袁绍就让他发小曹操打袁术。而袁术也不客气就让部下孙坚去打刘表。

两大阵营彼此混战，捉对厮杀。

从讨伐董卓拉开序幕，战火主要集中于洛阳及其周边，比如靠近京城的颍川就是重灾区。随着战争规模的扩大，幽州、青州、兖州、荆州也被卷了进去。但徐州最初还是躲了过去。

但徐州的陶谦不甘寂寞，看到大家都找到了交战对象，他也按捺不住参与进来，主动对曹操的兖州发动进攻，这下可闯下大祸，曹操岂是好惹的。

陶谦的军队刚进兖州就被打了回去。对挑衅在先的陶谦，曹操自然也不会罢休，带兵杀进徐州。陶谦不是对手，很快被揍得鼻青脸肿，狼狈不堪。他也很想暴揍曹操，但确实是打不过，一腔怒火却找不到地方发泄。不过很快，陶谦就找到发泄对象了，曹操的老爹曹嵩。曹操只顾打仗抢地盘却忘记了他老爹还在徐州避难。

曹嵩这辈子自从生下曹操就再未省过心，因为曹操进入官场就没消停过，到处惹祸得罪人。曹嵩的主要工作就是给儿子曹操擦屁股。要不是曹嵩人脉广面子大，曹操早就投胎去了。

可是，曹嵩做梦也想不到，他到底还是未能逃过去。曹嵩就想过一个富贵安闲的晚年，但生逢乱世，这就是奢侈的愿望，更何况他的儿子是曹操。

自曹操与陶谦开战，曹嵩就预感到大事不妙。姜还是老的辣，曹嵩知道指望不上那个不听话的儿子，赶紧收拾金银细软带着全家老小跑路。但他还是跑晚了。

陶谦已经盯上他了。曹嵩带着全家大逃亡，陶谦当即派人追杀，就在路上将曹嵩全家杀死，一个活口都不留。打不过儿子就拿老子出气。可是，陶谦想不到，一时的痛快却惹来大祸。

父亲被杀，曹操岂能善罢甘休。曹操打着为父报仇的旗号再次率军杀进徐州，以报仇为名行抢地盘之实。

曹军所过之处烧杀抢掠鸡犬不留。曹操在徐州犯下不可饶恕的罪行，那就是屠城，数十万徐州百姓倒在血泊之中，这是曹操欠下的一笔血债。

陶谦连战连败，不得不向盟友求助，但他没有向南面的袁术求援，反而向北面的公孙瓒求救。舍近求远，这个举动耐人寻味。

以水困城——郭嘉献计夺徐州擒吕布

因为袁术也惦记着徐州并且已经动手了。不过,不同于曹操的猛冲硬打,袁术的行动相当隐蔽,他的办法是挖墙脚。袁绍空手套白狼轻取冀州,袁术也打算搞渗透夺取徐州,这哥儿俩对盟友下手都很有一套。

此时,公孙瓒正与袁绍在北面为争夺冀州打得不可开交,公孙瓒的部下田楷与刘备也同袁绍之子袁谭为争青州而连年苦战。

公孙瓒接到陶谦的求援,就派师弟刘备南下去救陶谦。刘备的运气也不错,他来后不久,曹操就后院起火,吕布入主兖州。曹操不得不回去救火,徐州危机化解。刘备在此期间的表现应该是很好,因为陶谦也开始挖公孙瓒的墙脚。陶谦知道他把曹操得罪透了,眼下能对付曹操的只有刘备。

陶谦给刘备四千丹阳精兵,对刘备说跟我干吧。刘备也很痛快,当即挥挥手与师兄公孙瓒告别,转投陶谦。

也许是此前受的打击有点大,陶谦不久就病死了,临死前陶谦将徐州交给刘备。曹操等于白忙一场,给刘备做了嫁衣。

再之后,吕布就被曹操赶出兖州。吕布把袁绍、曹操、袁术都得罪了,只好来徐州投奔刘备。

吕布的人品大家都知道,三姓家奴。

其实,吕布跟刘备都是边郡草根出身,至于刘备那个疏远宗室的身份在他未发迹前没有任何作用。他们初入仕途只能选择投奔别人，等有了实力再自立门户。吕布与刘备都投奔过很多人，但两人的人品在这里就有很大差别，吕布换老板的方式很特别，直接将老板干掉。吕布投丁原转身反水杀老板，提着前任的人头去投董卓，然后又杀董卓。至此，吕布三姓家奴的名号就甩不掉了。

刘备就比他强多了。虽然，刘备也辗转投奔过公孙瓒、陶谦、刘表等，但刘备与这些人基本上是好聚好散。

尽管吕布劣迹斑斑，但刘备还是接纳了他。而吕布也不负三姓家奴的称号转身就坑了刘备。吕布趁刘备与袁术在前线开战的机会，利用陶谦旧部丹阳兵与刘备部下的矛盾，在刘备后背打黑枪，再次轻松夺取一州。

建安三年（198）九月，刘备在徐州被吕布逼得待不下去，只好北上投奔曹操。

之前，曹操曾派大将夏侯惇救援刘备，但被吕布打跑。曹操知道收拾吕布夺取徐州必须亲自出马了。

十月，曹操亲率大军来战吕布，郭嘉、荀彧全都随军出征。这次不同以往，曹操志在必得，而他的对手吕布其实虚弱得很。此时的徐州是名副其实的散装徐州。陶谦据有的徐州本身就不完

以水困城——郭嘉献计夺徐州擒吕布

整,又是各方势力觊觎的目标,是块烫手的山芋,要不然陶谦也不会把徐州交给刘备。因而刘备得到的徐州大幅缩水,北面的琅琊被臧霸占着,东海郡是昌豨的地盘,东面的广陵又被袁术渗透。到吕布进入徐州,他所能控制的仅有彭城、下邳两个郡国。

但曹操的攻势很猛,一上来便攻占了彭城,吕布的地盘瞬时缩减一半。广陵太守陈登更是主动前来助战,曹操随即挥军进围下邳。

吕布几次出战都惨败而回。吃过几次大亏,吕布再也不敢轻易出战,只能坐守穷城。

曹操写信给吕布劝降,吕布还真心动了。对于三姓家奴来说,打不过就投降是再平常不过的事情了,至于节操,在吕布这里压根就不存在,他没有节操,谈节操有何用!

但吕布的合伙人陈宫坚决不同意,他就是叛变曹操投的吕布。当初是他把曹操迎入兖州,又是他背叛曹操将吕布接到兖州。在兖州的时候曹操待陈宫不薄,可陈宫还是叛变了。如今被曹操围在下邳走投无路,吕布想投降,但陈宫是不能降的,他只能选择抵抗到底。他不同意,吕布也只好硬挺着,就此错过了投降的机会。

曹操于是下令掘堑挖壕对下邳长期围困。

连围带打折腾一个多月,已经进入冬天,气候寒冷,士兵久战疲惫。曹操见短期内难以取胜就有了退兵的打算。他想知难而退。如果曹操真的这么做了,他一定会后悔。因为属于他的战略机遇期真的不多,仅仅一年以后,他就要同他的那位曾经的发小、不久前的大哥展开生死对决,在这之前,他必须搞定吕布。如果搞不定,后果将非常严重,吕布最拿手的就是背后捅刀子拍黑砖,到时候必然会有所行动。郭嘉也正是看到这一点才劝曹操,暂时放下对袁绍的仇恨,专心收拾吕布。

虽然吕布比起袁绍更容易对付,但吕布能在群雄割据的乱世占得一席之地也不是等闲之辈。好打只是相对的,当时的战事一定遇到很多困难,不然,以曹操的性格也不会打退堂鼓。

城外的曹操困难,城里的吕布更难。双方都很痛苦,胜利的关键在于谁能挺到最后。

这个时候,郭嘉站出来力劝曹操:"吕布乃匹夫之勇,今屡战皆北,锐气已衰。三军以将为主,主衰则军无战意。吕布已是强弩之末,势不能久。当并力攻之,必获全胜!"

人在遇到困难的时候,会犹豫会彷徨会退缩,这也是人之常情,即使是那些在历史上叱咤风云的帝王将相也是如此。有些人失败是因为在关键时刻未坚持住,以致功败垂成。

以水困城——郭嘉献计夺徐州擒吕布

很多人实际上已经走到九十九步,只差最后一步,这是最艰难最难熬的一步,走过去就赢了。可是很多人却在这时放弃了,因为他不知道还要走多久,他看不清前方的路,以为还要走很远,所以他停下了。而有的人坚定地走出了那一步,迈向胜利的最后一步。

曹操也是人,遭遇困难挫折也会灰心也会动摇,每当这个时候总会有一个人站在他的身后,鼓励他支持他,走出那最艰难也是最重要的一步,这个人就是郭嘉。

纵观郭嘉的一生,他出场的次数并不多,但总是在最紧要的时刻出现,帮助曹操在最艰难的时候做出最重大的决定。更重要的是,郭嘉的这些决策经过事实验证全部正确。

尽管很多决策起初在旁人看来有多么不可思议,但最后的结果证明,郭嘉都是对的。三国鬼才不是浪得虚名。

现在打吕布,未来战袁绍,以至北征乌桓,这些足以改变历史走向的重大战役的决策,背后都有郭嘉的身影。

正是打赢了这三场至关重要的战役,曹操才得以最终统一中国北方,在未来确立三分天下最强的格局。刘备、孙权只能抱团取暖才勉强能与他抗衡。

这三场战役都是在腹背受敌的情势下发动的重大战役,都冒

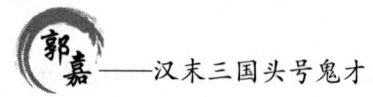

着极大的风险,任何一场失败都是难以承受的。在这三场战役中,曹操都犹豫过,但又都在郭嘉的坚持下挺过来。

三场战役都冒着巨大的风险,三场战役曹操都曾有过动摇,三场战役郭嘉都坚决主张打,三场战役曹操最后都听从了郭嘉的建议,最重要的是,三场战役都打赢了。

曹操喜欢郭嘉信任郭嘉的原因就在这里,这个人总是在他最彷徨最困难的时候,给他温暖给他鼓励并帮助他下定决心战胜困难,只有真正忠心于他的人才能做到。曹操深知这一点,所以,他对郭嘉也最为信任。曹操对荀彧、荀攸很器重但也只是交流,只有对郭嘉,他是交心,将郭嘉视为知己,也只有这种人才能交托后事。曹操疑心很重,只有对郭嘉他才敢放下防备,因为郭嘉已经用行动证明了他的忠诚。

打吕布是三场战役的第一次。

曹操不知道,但熟悉历史的后来人都知道,真正留给曹操扫平吕布的时间只有建安二年的这两个月,因为接下来曹操还有更多的仗要打,张绣、袁术、刘备,还有袁绍都与曹操有对手戏。建安三年的曹操会更忙,留给曹操打吕布的档期只有今年。

在郭嘉的鼓励下,曹操坚定了继续围城的决心,用郭嘉之计以水代兵。曹操下令引沂水、泗水灌城,这下待在下邳城里的吕

以水困城——郭嘉献计夺徐州擒吕布

布真成了瓮中之鳖。

吕布最擅长的是骑兵突击，攻得猛，速度快。但现在他被大水彻底困住了，他的优势发挥不出来。

长期的围困令吕布部下军心离散，还未等曹军动手，吕布的部将就发生哗变，这个以背叛知名的人最终也被别人背叛，出来混迟早要还的。吕布还是为他的背叛付出了代价。

当吕布被押到曹操面前时，他还幻想投降以求苟活，因为他一眼就看到了坐在曹操身边的刘备。吕布自以为他跟刘备是有交情的，他好像忘记了他的徐州是从谁的手中夺过来的。事到如今，他居然有脸向刘备拉交情，请刘备帮他说句话。但刘备的记性显然比吕布好，之前被吕布坑的凄惨经历仍历历在目，他好心收留吕布，却被吕布恩将仇报，如此小人岂能放过。

曹操本来有意放过吕布，证据就是，吕布说捆他的绳子有点紧，请求松松绑缚，曹操居然笑着答应了。这是个危险的信号。一旁的刘备敏锐地觉察到了这一点，及时善意地提醒曹操，不要忘记丁原、董卓二人的遭遇。曹操如梦初醒，当即下令将吕布推出去杀了。这个过程被吕布全部看在眼里，吕布骂出了他生前的最后一句脏话："大耳贼，不讲信义。"众所周知，刘备有两只大耳朵，气急败坏的吕布以此表达他的愤怒，这个以背叛为习惯的

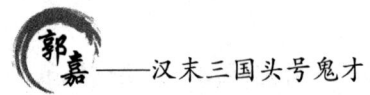

三姓家奴居然有脸骂别人不讲信义，真是可笑至极。吕布以这句黑色幽默结束了他短暂且可耻的一生。

曹操如愿以偿夺得徐州，这里面也有郭嘉的功劳。如果不是他的坚持，曹操未必能挺到最后。

放虎归山
——曹操不听郭嘉之言放走刘备

要是让曹操评选他此生做的最后悔的事，放走刘备必然是其中最有可能的一个选项。

曹操占领徐州后不久即率大军北还，走的时候还带上了一个人，刘备。

曹操当然不会把刘备留在徐州。刘备实在太有魅力，他在徐州的这两年已经深深俘获了徐州士与民的心。曹操对此也是早有耳闻，他自然不会将这一不安定因素放在徐州给自己挖坑，留在这里不放心，那就只好带着他回去。

曹操对刘备的大名早已如雷贯耳，这两年刘备的知名度迅速飙升，这让曹操不得不对这位名为宗室实为草根的平民英雄刮目相看。

曹操对刘备还是不错的，早在之前组团打吕布时，曹操就上表朝廷，任命刘备为豫州牧。很多人认为刘备的这个豫州牧只是个头衔，其实还真不是，因为那时的刘备屯兵于小沛，正处于与

放虎归山——曹操不听郭嘉之言放走刘备

吕布对抗的最前线,为曹操争取着揍吕布的时间。

熟悉刘备经历的人对小沛都不会陌生。刘备从师兄公孙瓒那里转投陶谦时,当时的徐州牧陶谦就将刘备安排在小沛,还表奏朝廷以刘备为豫州刺史。这个任命是有理由的,因为小沛虽是陶谦的地盘却不属于徐州,而是隶属于豫州,所以陶谦才让刘备做豫州刺史,虽然这个刺史的管辖范围仅限于小沛。也因此有人戏称刘备是一城刺史。曹操让刘备做豫州牧也是承袭于此。

这次,曹操又表奏朝廷以刘备为左将军。豫州牧、左将军,这两个头衔跟了刘备很久,十年之后,刘备在当阳长坂兵败,诸葛亮前往江东寻求支援时,对孙权还称刘备为刘豫州。

又过了三年,刘备应刘璋之邀率军入蜀,黄权加以劝阻,说到刘备用的称呼也是左将军素有骁名。

平时曹操对刘备也是相当关照,十分尊重,至少表面上如此。用史书上的原话是,二人出则同舆,坐则同席,这是亲密器重的表现。

虽然曹操对刘备礼敬有加,但在许县的日子,刘备过得并不愉快。如果长期留在这个被曹操把持操纵的朝廷,那他的左将军、豫州牧就真的只是头衔了。

志向高远的刘备自然不甘心沦为政治花瓶,总想找机会远走

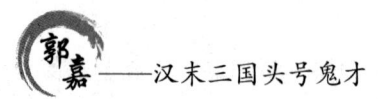

高飞。但又怕被曹操觉察,整日小心翼翼,生怕露出马脚惹来杀身大祸。

小说《三国演义》为表现刘备的低调隐忍,特意安排刘备在他的左将军府邸种菜浇园以麻痹曹操。但这个情节设定并不高明。如果刘备真是一个专心于耕田种菜的农民,他怎么可能成为群雄争霸中的一员,还一度为徐州之主。这么一个人怎么可能甘心种田,这个戏演过了。这套所谓的韬晦之计只能是欲盖弥彰,提前暴露自己。

刘备当然不会这么笨。他的伪装很成功,至少骗过了曹操。

关于这一点,在小说《三国演义》里还有一个故事,即著名的青梅煮酒论英雄。

话说一天,曹操请刘备过府饮酒。曹操以青梅煮酒款待刘备,席间,两人说到天下英雄,曹操问刘备:"玄德,你看当今天下谁是英雄?"曹操话一出口,刘备就明白了他的用意。刘备何许人也,纵横江湖二十年,体察人心,洞悉人性。曹操的用意是想让刘备夸他,但不能直接夸,要婉转,要有技巧,而且必须夸得有水平。如果刘备直接说,称得上英雄的,只有曹公您,那就不好玩了。

装要装出高格调必须排面要大,要有人当绿叶来衬托。前期

放虎归山——曹操不听郭嘉之言放走刘备

要有烘托,气氛要到位,后面的上场才有面儿。如果刘备开场就说曹公您是当今第一英雄,那就尴尬了。人家那边表演刚开始,你这边就出字幕,接下来的戏还怎么演。

刘备很聪明,不提曹操也不说自己,先后举出袁术、袁绍、刘表、孙策,但都被曹操一一给否了。两人配合得相当默契,刘备知道说出这些人曹操肯定会否定,但刘备必须这么说,因为这也是曹操期望他做的。这些人说出来就是当绿叶的,为的是衬托曹操,刘备明白曹操的心意,如其所愿,将袁术、刘表这些人拉出来给曹操喷,这俩都是戏精。

待气氛烘托到位,曹操看着刘备,终于说出了他准备已久的经典台词,当今天下,称得上英雄的只有你我二人。此话一出,当场就把刘备吓呆了,筷子都掉到地上,正巧此时有雷声划过,刘备赶紧借机掩饰说这雷声真大,可把我吓坏了。

曹操哈哈大笑,因为刘备满足了他装的愿望。曹操大笑也意味着刘备安全了。

如果刘备上来就说,天下英雄唯曹公与备耳,就等于堵住了曹操的嘴,接下来的话曹操只能憋在肚子里,无法显摆自己了,这比杀了他还难受。

刘备提供的是情绪价值,从这次青梅煮酒足见刘备的深沉老

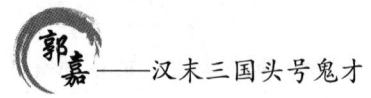

练。

还有不知死活跑到曹操面前装的人,比如在曹操面前卖弄学问的孔融,在曹操跟前耍小聪明的杨修,以及立点功劳就飘的许攸,这些人都死得老惨了。

谁打曹操的脸,曹操就扒谁的皮。

对曹操必须哄着来,顺着毛摸。不管提任何建议,都要照顾曹操的情绪。

而在曹操自己的阵营里,提供情绪价值的人就是郭嘉,著名的十胜十败论即是明证。尽管那时曹操在纸面上是处处不如袁绍,但郭嘉却依然能总结出曹操那么多优点,而且仔细分析都很有道理,不是尬吹,而是确有依据。这就是郭嘉令人佩服之处,这不是阿谀谄媚,这是懂得如何说话。在曹操处于人生低谷缺乏信心的时候,他需要的不是指责挖苦,而是给予肯定。郭嘉给了他肯定,给了他信心。

郭嘉说出十胜十败是要曹操暂时摆脱袁绍去打吕布。心情大好的曹操愉快地采纳了郭嘉的建议将吕布干挺。刘备配合曹操演戏,也让曹操精神愉悦,放松了对刘备的看管。

郭嘉与刘备都是智商与情商俱优的高手,所以,刘备能骗过曹操却瞒不过郭嘉。

放虎归山——曹操不听郭嘉之言放走刘备

青梅煮酒确有其事,至于细节当然是编的,很多人都把这个故事当作曹操欣赏看重刘备的证据。

其实不然,从曹操后来的种种表现,他或许欣赏刘备,但未将刘备当作与他争夺天下的对手,彼时,曹操最大的敌人仍是袁绍。说只有刘备与他是英雄,不过是酒桌上的吹捧。如果曹操真的将刘备看得比袁绍还重,他怎么可能放走刘备,走的时候还拨给刘备很多兵马。这于情于理都说不通。

刘备是英雄,这是当时人的共识,不是只有曹操一个人这么认为,但要说曹操有多看重刘备,也不至于,小说多有夸张。

也许初见刘备时,郭嘉就已经注意到了刘备。

早在刘备在小沛被吕布打败,兵败来投时,就有人对曹操说刘备有英雄之志,非等闲之辈,不如早点杀掉免除后患。曹操为此还专门问过郭嘉,征求他的意见。

郭嘉说刘备确实是英雄,但此时不能杀。然后,郭嘉给出了不能杀的理由。郭嘉说主公您起义兵为百姓除暴乱,此时正是招揽四方英雄共图大业的时候,刘备有英雄之名,穷困来投,这时杀他,有害贤之名,会令天下人对您产生疑虑,不利于您的大业。原话是"除一人之患,沮四海之望,安危之机,不可不察"。那意思很明确,刘备的名声太大,杀知名人士,付出的代价过

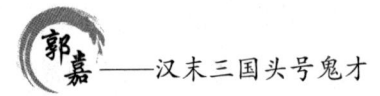

大,得不偿失。曹操也深表赞同,刘备就此得以逃过。

这是个十分明智的决定,如果此时曹操真的杀了刘备,那其他各路诸侯就不敢来投了。最典型的就是张绣。曹操的长子曹昂就是死在张绣手上,但仅仅一年之后,张绣就不顾袁绍的拉拢率军归降曹操。张绣敢这么做,看重的就是曹操的胸怀宽广,这是个做大事的人,不会为私仇杀人,所以才敢二次投降。如果曹操杀了刘备,张绣肯定是不敢来的,而在不久之后的官渡决战中,张绣的这股力量是绝对不容低估的。这倒不是说张绣的实力有多强,但在曹操整体实力远弱于袁绍的形势下,曹操已分不出多余的精力跟军队来对付后方的威胁。

张绣的投降不仅增添了曹操一方的力量,更重要的是,张绣还能帮助曹操解决另一个隐患,那就是来自荆州刘表的威胁。张绣在正面战场的作用不大,但至少能帮曹操挡住刘表,后来在官渡之战中张绣的表现也很给力,帮曹操分担不少压力。这些都缘于此时的正确决策,而这个决定正是郭嘉帮助曹操做出的。很多决策是会发生连锁反应的。走错一步,接下来可能就是步步错。曹操应该庆幸他此时的决定。

曹操本人也不想杀刘备,至少此时他还没有这个心思,郭嘉与曹操在这个问题上的想法是一致的,这就是英雄所见略同。

放虎归山——曹操不听郭嘉之言放走刘备

但郭嘉不同于曹操之处在于,他虽然不同意此时杀刘备,但还是将刘备视为与曹操争夺天下的劲敌对手。郭嘉对刘备的重视程度远超袁绍,这点与曹操正好相反。

曹操虽然嘴上说只有刘备才是能与他相提并论的英雄,但实际上,对刘备未引起足够的重视。

建安四年(199)夏天,穷奢极欲又武力拉胯的袁术在淮南终于混不下去了。他带着部众去灊山投奔昔日的下属陈简、雷薄,临走前还放起一把大火将他经营多年的宫殿付之一炬。结果等袁术到了地方却被拒之门外,吃了闭门羹。这下惨了,他刚把老窝烧了,人家又不肯收留他。众叛亲离的袁术不得已只好选择北上去投奔那个他一直看不起的哥哥袁绍。

曹操及时发现了袁术的动向,也知道他的企图,准备派人拦阻。这时刘备自告奋勇,主动提出带兵去收拾袁术。这个痛打落水狗的机会刘备岂能错过,报仇的时候到了。

刘备与袁术的恩怨都是因争徐州而起。曹操对这二人的事情一清二楚,刘备与袁术仇怨极深,派刘备过去,这俩人一定会互撕,而且会撕得很厉害,刘备碰上袁术肯定会往死里打,不会手下留情,不用担心刘备会放水。

在曹操看来,收拾袁术这种货色不用自己亲自动手,派刘备

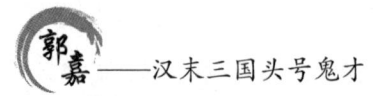

去就可以搞定，自己可以腾出精力为即将与袁绍的大战做些准备。

曹操认为刘备是最合适的人选，既然刘备主动请战，自己还能得以清闲，何乐而不为呢！于是，曹操愉快地批准了刘备的请求。在这个过程中，曹操没有征求郭嘉的意见。

刘备终于可以逃出禁锢他的牢笼，从此海阔凭鱼跃天高任鸟飞。刘备如欢快的小鸟飞一般地逃离许县，带着人马南下徐州。

我又回来了，刘备说。

世事变化之快，恐怕连刘备自己也始料未及，他居然能这么顺利地逃出来。

其实原因也不复杂，因为此时的刘备实力还很弱，也正是因为弱小，刘备才未引起曹操的重视。而重视刘备的人郭嘉，对刘备的出逃却并不知情。

等郭嘉得到消息赶来劝阻，刘备早就跑远，追不上了。曹操的大错就此铸成。

郭嘉见到曹操说，刘备有雄才又深得众心，关羽、张飞都是万人敌的熊虎之将而为刘备所用，此人不可轻视。刘备终不会久居人下，其人深不可测。古人有言："一日纵敌，数世之患。"您不该放走刘备。

听了郭嘉的一番话，曹操如梦方醒，这才意识到他犯下多大

放虎归山——曹操不听郭嘉之言放走刘备

的错误,赶紧派人去追,可是哪里还追得上。这是曹操一生之中唯一的一次未与郭嘉商量做出的重大决策。曹操的轻率举动也侧面说明直到此前曹操从未将刘备视为与他同等的对手,所谓的天下英雄唯使君与操耳,不过是酒桌上的寒暄,不是曹操的真心话。可是将刘备视为心腹大患的郭嘉却来不及劝阻。站在曹操的角度,放走刘备是他最大的错。最大的教训是曹操对这件事的处置过于随意,未与郭嘉商量。这也从侧面证明郭嘉对曹操的重要。

任何人在做决策时都可能犯错,曹操也不例外。曹操之所以能在多次战役中胜过对手,在于他的背后有人帮他纠错,比如荀彧就是,但对曹操而言,郭嘉在关键时刻发挥的作用更大。

对刘备的安排上,郭嘉的重要性体现得最为明显。也许有人会说,当初劝曹操不要杀刘备的是郭嘉,如今建议曹操扣押刘备的也是郭嘉。这不是前后矛盾吗?看起来矛盾,其实不矛盾。

此一时彼一时也。

在合适的时间做合适的事情,才是明智的。

刘备不能杀,不然会背上嫉贤妒能杀害英雄的骂名,更重要的是会影响曹操的人才引进。

但刘备也不能放。因为刘备是真正的英雄,给他阳光,他就

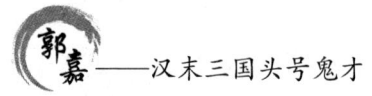

能灿烂。刘备是名人，其感召力不可估量，凡是低估他的人都付出了沉重的代价。

郭嘉对刘备的态度其实是明确的，那就是既不能杀，也不能放。在郭嘉看来，对刘备最好的办法就是给他高官厚禄但不给实权，更不能给他带兵的机会，长期软禁让他做政治花瓶。

后来的周瑜也有过相似的想法。但周瑜的那个不现实，原因很简单，他没有那个实力，但此时的曹操有这个资本。只要他想做就能做到。可是，曹操却放松了警惕。

曹操放走刘备的决定甚至影响到了历史的走向。如果曹操不放刘备，他就会少一个强劲的对手，很可能就不会有后来的赤壁之战。而孙权如果没有刘备的助力也挡不住曹操，当曹军大举南下时说不定也就降了。曹操还真有可能统一全国。当然，这也仅仅是推测。但这个事件的影响仍然不容低估。

不过，站在刘备的立场上，这却是他人生的重要转机。虽然在未来的岁月里，刘备还要经历很多波折，但起码从这时起，他是自由的。而自由是最可贵的，尤其是对有心做一番大事业的刘备来说，这是一个新的开始。二十年后，曹操将在汉中的定军山与刘备来一次真正的大战，而那一次赢的人是刘备。与曹操数十年的斗智斗勇，笑到最后的人是刘备。

决战之前
——袁曹的明争暗斗

建安四年（199）的春天，与袁绍苦斗多年的公孙瓒终于撑不住了，还是败了。

尽管公孙瓒败给了袁绍，但能与实力第一的袁绍连斗十年足以说明公孙瓒并不简单。曹操也应该感谢他，因为正是他在北面竭力拖住袁绍，曹操才会有这么多的时间猥琐发育。

如果不是公孙瓒，袁绍早就南下了。曹操也不会有机会去打张绣征吕布，只能被袁绍带着这些小伙伴围着打。但公孙瓒能给曹操争取的时间也就到此为止了。

袁绍刚刚扫平幽州就迫不及待对昔日的伙伴如今的对手曹操布局了。

袁绍派人到南方，找到张绣跟刘表，对这两个一直与曹操为敌的小伙伴说要谈合作，矛头指向谁是显而易见的，曹操。

尽管此时的袁绍坐拥幽州、并州、冀州、青州四州之地十万雄兵，实力居群雄之首，但张绣、刘表对袁绍联合起来对付曹操

决战之前——袁曹的明争暗斗

的建议并不积极,反应冷淡。

袁绍的热脸贴上了人家的冷屁股。张绣跟刘表如此态度也是有原因的。

先说张绣,他正打算投降曹操,当然不会响应袁绍的提议。起初,张绣对投降曹操也有顾虑,毕竟跟曹操有杀子之仇,况且此时袁绍的实力远强于曹操,就算投靠也要找一个更强的老板。但张绣的军师贾诩却自作主张赶走袁绍的使者,替张绣拿了主意,降曹。至于理由,这个只要想找就一定能找到。张绣对贾诩素来是言听计从,也就同意了。当年十一月,张绣率部再度降曹。对曹操而言,这是雪中送炭,因为此时曹操已经抽不出精力对付张绣了。袁绍那边已经摆开阵势,随时可能打过来。当初不杀刘备的效果此时也显现出来。如果曹操对刘备下手,不管贾诩如何劝说,张绣都不会降曹的。

至于刘表那就纯粹是"自守之贼"了。刘表就想守住自己的地盘混日子,至于是袁绍打曹操,还是曹操打袁绍,他既不关心也不在乎。面对袁绍联合出兵南北夹击的建议,刘表表面上答应得好好的,可就是不行动。

袁绍忙活半天发现白忙了。这俩人一个也指望不上。但袁绍是不缺战友的。很快就有人主动找上门寻求合作,来的正是刘备

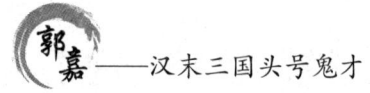

的使者。

刘备带兵回到徐州顺利击溃袁术并将其驱逐，袁术不久就在病饿中死去。刘备也算报了当年之仇，然后，转过身来，刘备就干掉了曹操任命的徐州刺史车胄，徐州又归刘备所有。刘备留下关羽守下邳，自己则率主力回到他的老根据地小沛，这里是徐州北面的门户。曹操要攻徐州必先取小沛。刘备亲自带兵顶在一线，但他也知道，曹操不会坐视他据有徐州所以必然派兵来夺，仗是必然要打的。刘备也很清楚，单靠他自己是打不过曹操的，必须找外援。最靠谱的当然就是袁绍。

此时，袁绍也有意南下，双方一拍即合，彼此需要，很快就达成一致，南北呼应，共同抗曹。

曹操派长史刘岱、中郎将王忠来战刘备。但他们不是刘备的对手，被打得丢盔弃甲，大败而回。刘备得意之余还不忘挖苦二人，说你们这种货色再来一百个也是白给，要是曹操亲自来嘛，还有得打。言下之意，只有曹操才配做他的对手。

刘备放话说让曹操来。曹操知道了，也果然来了。

就在来之前，曹操刚刚瓦解一拨针对他的政治集团，为首的是皇帝的岳父董承，这即是著名的衣带诏事件。曹操对这些人自然不会手下留情，包括董承在内的参与者都被诛杀三族。只有一个人是例外，刘备。

只要是反对曹操的政治团体，刘备都不会缺席。曹操处理好后方的事就带兵奔着刘备来了。

出兵之前，很多人表示反对，说与主公争夺天下的人是袁绍，如今大战在即，这个时候去打刘备岂不是因小失大。万一大军南下，袁绍趁机来攻，那就大事不妙了。

这时又是郭嘉及时站出来平息议论，对袁绍，郭嘉还是很有发言权的。郭嘉与袁绍相处的时间并不长，却对袁绍研究得很深。郭嘉对众人说，袁绍其人我最了解，这个人反应迟钝又生性多疑，肯定不会立即出兵。刘备的部队都是新征募来的，众心未附，趁机急攻，必然崩溃。曹操也说，刘备乃当世人杰，现在不攻，将来必为大患。领导发话，大家不管同不同意也只能遵令而行。

曹操跟郭嘉的这个决定是冒着很大风险的。众人的担心不是没有道理的。刘备坚持的时间不用很长，只要有当年吕布那个效率，与曹操周旋三两个月，袁绍就算反应再迟钝，也不会再迟疑，肯定要南下的，到时候，曹操恐怕连哭都来不及。但一切皆如郭嘉所料，刘备的军队大多是新兵，经不住曹操疾风暴雨般的打击，很快就全军溃散。留守下邳的关羽也未坚持多久。刘备只

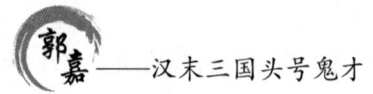

身北上投奔袁绍。

刘备徐州起兵是在建安五年（200）正月，袁绍当月便让陈琳起草声讨曹操的檄文，二月即出兵南下，考虑到调动部队征集粮草也需要时间，袁绍的速度不算慢，甚至可以说很快了。主要还是曹操的动作太快，袁绍还来不及救援，那边就已经结束了。

曹操这次的徐州之战是典型的闪电战，来去如风，极其迅猛。一个字，就是快。当然，这也是被逼的。

尽管郭嘉对袁绍的性情特点了如指掌，事情的发展也在他预料之中，但在两强对峙的情势下，抽身去战刘备还是有点冒险。袁绍想不到刘备会崩溃得这么快。刘备也未想到曹操的行动会那么快。只有郭嘉将双方都估计得十分精准。事情也按照曹操最希望看到的走势在进行，郭嘉这次兵行险招，却准确地料到敌人的弱点，虽然步步惊险，但好在是险中取胜。

曹操击败刘备迅速回师补防，此时袁绍那边也刚刚做好攻击准备。曹操嘴上不说，心里也会想，好险，好险。

至此，袁绍在曹操背后的各种小动作都以失败收场。袁曹之间的决战即将到来。

官渡之战

——十胜十败以弱胜强

建安五年（200）二月，袁绍亲率十万大军进驻黄河北岸的黎阳，历史上著名的官渡之战拉开战幕。

袁绍派帐下大将颜良攻东郡太守刘延于白马，大将文丑进攻延津，这两处都是黄河南岸的渡口。颜良、文丑是袁绍极为倚重的两员大将，地位相当于刘备的关羽、张飞。

很显然，颜良与文丑担当的是开路先锋的角色，他们的任务是抢滩登陆占领渡口，为大部队打开前进通道，他们所率领的也是袁绍最精锐的部队。

袁绍上来就摆出了决战的架势，派出的是最猛的武将和最能打的精兵。此次南渡黄河，袁绍是押上了血本。

四月，曹操亲自带兵北上准备救援刘延以解白马之围。曹操知道刘延能坚持到现在已经很不容易了。

但军师荀攸却表示反对，他不是反对救刘延，而是反对去白马。不去白马怎么救刘延？荀攸给出的答案是声东击西。救是必须救的，但要迂回着去，袁军人多势众，必须先分散其兵力。荀攸建议先去延津做出要攻击文丑部的姿态吸引袁绍分兵去救，待袁军被充分调动后，再调转方向去救白马。声东击西，计策并不复杂却很实用。

曹操深以为然，决定依计而行，率军直扑延津做出要包抄袁军后路的假象。过河的袁军最怕的就是被抄后路。袁绍得知后果已然坐不住了，立即分兵。

曹操探知袁军中计，即刻率精兵驰援白马。此时正在围攻白马的颜良对曹军的行动毫无觉察，直到曹军进至距他只有十几里时，颜良才发现曹军，慌忙整军来战。

曹军担当先锋的两员大将是张辽、关羽。这两个并州人的组合可不得了。张辽后来在逍遥津大败孙权十万兵，杀得吴人周身血液凝固人人胆寒。关羽更不用说，二十年后在樊城水淹七军，威震华夏。张辽、关羽都是当世之猛将，颜良已经很厉害，但他们比颜良更厉害。

关羽跟张辽率领的是轻骑兵，又是突然杀到，打了颜良一个措手不及。关羽更是勇猛异常，做了一件牛到极点的事，百万军中取上将首级。

关羽充分利用了突袭的优势，致使袁军准备不足仓促应战，

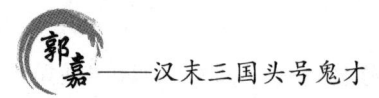

关羽一马当先冲入敌阵,速度之快令袁军来不及做出反应。

关羽在发起冲锋之前就已经瞄好了目标。颜良是袁军的中心,被大小将校簇拥着,关羽奔着颜良就直杀过去,手起刀落将颜良斩于马下,整个过程一气呵成。

将为军中之胆,主将被杀,袁军随之溃散,白马之围遂解。

而关羽建此大功后也完成了他报答曹操的心愿,从此与曹操两不相欠,再见仍是敌人。关羽随即挂印封金,奔向河北,找他大哥刘玄德去了。

关羽从未过五关斩六将,也没有那么多曲折的经历,整个过程很简单。复杂的是小说家,为了故事的需要,他们必须强行加戏。热衷于演义小说的人大多迷失于虚构的故事里,却忽视了历史的真相。

关羽为何要走?这还要从他为何会留在曹营说起。

刘备在徐州被曹操的闪电战击溃后连家小和兄弟也来不及带上就只身北走。

关羽则被曹操围在下邳,最后被迫进曹营。然而,关羽虽身在曹营,心却早已随着大哥远去。关羽才是真正的身在曹营心在汉。

但曹操对关羽是真的好。曹操不仅爱美女也爱英雄。他对关羽的礼遇远远超过张辽、于禁、乐进等人。

关羽知道曹操的心意却不能接受，因为他只属于他大哥刘备。

曹操很想关羽为己所用，但他也觉察出关羽无久留之意，便派关羽的同乡兼好友张辽前去探探口风。关羽得知张辽的来意一声长叹："我知道曹公待我极好，但我受刘将军恩，誓以共死，不可背之。吾终不留，但当立功疆场报答曹公礼遇乃去。"张辽将关羽的话转述曹操，同为性情中人的曹操也深受感动。

关羽在曹营敢如此表态是冒着杀头的风险的。换成袁绍，谁敢这么说，可能早就拉出去砍了。

关羽明知这么说会有危险却还是如实说出了内心真实的想法，因为他不想欺骗曹操。关羽行事光明磊落，走也要走得明明白白。

曹操在这点上也表现出一个霸主所有的胸怀，明知关羽的志向却仍礼遇有加。有理由相信，他们是真的惺惺相惜，相互欣赏，彼此敬重。

虽为知己，但终究还是敌人。

等到关羽在白马斩颜良立下大功，曹操就知道，关羽完成心愿不会久留，但他仍想留住关羽，对关羽重加赏赐。不过关羽还

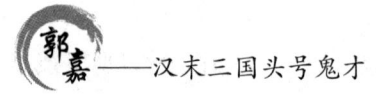

是走了。临行前,关羽将曹操对他的封赏尽数封存,拜书告辞。左右想追,曹操却很大度地表示:"各为其主,不要追了。"

曹操的知人用人确有他的独到之处,也是他魅力的表现。当初郭嘉在袁绍处不受重视,转投曹操,立即受到前所未有的礼敬。这也让郭嘉深受感动。有大才的人通常心气也是很高的,关羽如此,郭嘉也是。曹操对他们的礼遇不是逢场作戏而是发自内心,真诚而又热烈。他们能真实地感受到被重视被尊重的感觉。士为知己者死,女为悦己者容。他们也都用行动竭力报答这份知遇。即使是来自敌对阵营的关羽,也想用立功的方式作为回报才肯离去。郭嘉则更是自始至终都竭尽心智辅佐曹操。

众人遇我,众人报之。国士遇我,国士报之。这是春秋战国之际著名刺客豫让的名言,说尽了士人的心。

古往今来,所有人都渴望被尊重受重用,那些身负大才的人也都希望能够得遇明主,尽展平生所学。但真正能够得偿所愿的人却是少之又少。从这点上说,关羽是幸运的,郭嘉也是幸运的。关羽得遇刘备是他的幸运,郭嘉得遇曹操也是他的幸运。

郭嘉在他的十胜十败中对曹操的推诚待人早有说明,这就是曹操强于袁绍的德胜。

郭嘉说袁绍高议揖让以收名誉,士之好言饰外者多归之,公以至心待人，不为虚美，士之忠正远见而有实者皆愿为用，此德胜也。也就是说，袁绍这个人只会做表面功夫，很会演戏，投其所好，聚集在袁绍身边的也是一群戏精。曹操则不同，不搞那套虚情假意，所重用的都是正直干练忠于职守的人。郭嘉说的虽有过誉之处，但也基本属实。

在知人善任上，曹操胜过袁绍的远不止于此。郭嘉在他的十胜十败中对此也有说明，这就是曹操强于袁绍的度胜。

郭嘉说袁绍外宽内忌，表面上似乎很宽厚，实则心胸狭隘不能容人，用人多疑，重用的都是亲戚子弟。最典型的就是，袁绍拥有的四州之地，在那里主政的都是他的子侄，在幽州的是他儿子袁熙，在青州的是他儿子袁谭，在并州的是他侄子高干，留在冀州的是他最喜欢的儿子袁尚。

说到曹操，郭嘉说曹操用人不疑，唯才所宜，不问远近，此度胜也。曹操的用人是颇为后人称道的。虽然他也用亲族子弟，但不是袁绍那个用法。袁绍让儿子们各自领兵掌握实权，这就埋下了分裂的隐患，最糟糕的是，这是在他尚未确立接班人的情况下做出的安排，这就是给他未来的接班人埋雷。袁绍在的时候镇得住，但他百年之后，他的接班人能镇住他那些手握重兵的兄弟吗？十有八九是镇不住的，那兄弟阋墙就是不可避免的。

曹操后来能平定河北也是占了袁氏兄弟同室操戈的便宜。在这点上,曹操就比袁绍高明很多。他的儿子们虽然地位尊贵但不给实权,所以,曹丕当政后,收拾起他的弟弟曹植来才易如反掌,政权平稳过渡。

在官渡之战中,袁绍的诸多弱点也逐一暴露,他的失败不是偶然的,而是各种因素的叠加产生的效果。

郭嘉的十胜十败对袁绍的剖析可谓入木三分。郭嘉能做到深刻分析精确预测,在于他对人性的认识已经超越了同时代的大部分人。

时代在日新月异地发展,但人性亿万年不变。把握住人性也就掌握了主动。

白马之战,曹军首战告捷,但也仅仅是小胜一阵,对战局几乎没有影响。面对实力强劲的袁军,曹操依然处于劣势。

得胜后,曹操带着白马的百姓紧急撤退。而袁绍听说前锋受挫大将被斩,再也坐不住了,让大将文丑带兵追击,同时下令全军渡河,要与曹军进行主力会战。

曹操带着百姓自然走不快,而文丑率领的主力是骑兵,所以,很快就追上了曹操。

追兵将至,曹操派斥候侦察,很快有人来报,说敌人有五六百人都是骑兵。过了一会儿，又来报告，说骑兵更多了，步兵数都数不过来。

曹操心中有数，这又是一场以少打多的战斗，于是干脆告诉斥候不用再报了。

曹操随后下了一道令众人迷惑不解的命令，让骑兵统统解鞍放马。此时从白马转移出来的辎重正在道上，众将都认为敌人骑兵众多不好对付，不如先保护辎重固守大营，这样更稳妥。但荀攸却露出一脸高深莫测的笑容说："这些辎重正好用来引诱敌人，怎么可以藏起来呢！"曹操看着荀攸，两人相视而笑，他们想到一块儿去了。

曹军的骑兵只有五六百人，袁军的骑兵数量是他们的十倍，这还不算步兵的优势。以曹军的实力就算战斗力再强再能打，正面对阵也很难占到便宜。

强攻不成，那就只能智取。

物以类聚人以群分。在曹操的所有谋士中，郭嘉跟荀彧荀攸叔侄走得最近，相比谨慎持重的荀彧，荀攸的行事风格与郭嘉更接近。我们常说，要快速了解一个人最便捷的方法就是观察他的朋友，因为人都是喜欢跟性情相近的人成为朋友。

荀攸比郭嘉还要神秘。郭嘉的很多计谋大家都是知道的，但荀攸很多时候给曹操的献策都是秘而不宣的，甚至不留下任何文字记录，只有曹操跟他本人知道，如此隐秘，所献之计当然是不便公开的。荀攸的风格与郭嘉如出一辙而谨慎过之。他们都是聪明人，懂得如何保护自己。

曹操与荀攸不谋而合，他们都想到了用诱敌之计。

袁军追兵已经杀到跟前，带队的大将是文丑，还有不久前刚来投奔的刘备，两人带着六千骑兵杀气腾腾，直扑曹军而来。

众将请示曹操，现在可以上马了吧。曹操却摇摇头说："时机未到。"过了一会儿，袁军的骑兵越聚越多，有的发现曹军正在转运的辎重竟然不顾队列不听号令，所以这些人脱离大队直奔辎重而去，很快又有更多的人经不住诱惑也加入其中，很多人下马抢夺财物，一时场面十分混乱。

曹操见袁军不复队列，知道出击的时候到了，立即下令全军出击。当然，此时曹军总共也只有六百骑兵。但对方是乱哄哄的六千散兵，而曹操这边虽然人少却是蓄势待发严阵以待，得到命令，这六百骑兵如旋风般杀入敌群，以少胜多将袁军击溃，大将文丑也在乱军之中被曹军斩杀。

刘备还是一如既往地全身而退，安全撤走。能在千军万马的混战中从容撤退也是一种本事，虽然这种本事不是很体面。

官渡之战——十胜十败以弱胜强

胜败乃兵家常事，在很多时候是用来安慰人的，但也是有道理的，常胜将军是很少见的，群雄逐鹿的建安时代，最会用兵的首推曹操，这点连曹操的对手孙权跟刘备都是承认的。

然而，曹操也时常打败仗，宛城败于张绣还搭上长子曹昂，濮阳败于吕布还是袁绍派出五千救兵及时支援，曹操才挺过来。后来在关中战马超，曹操也差点被羌兵捉住。

刘备的起点比曹操差多了，在军阀混战的乱世，不练就保命的本领，很可能刚出场就结束了。

刘备以布衣起家最终三分天下有其一，靠的是本事，不是侥幸。

郭嘉可能是曹操阵营中最早认识到刘备不同寻常的谋士。在曹操还未对刘备引起足够重视的时候，郭嘉就提醒曹操千万不要放走刘备，因为想抓住他太难了。除非他主动来投，不然你根本连他人在哪都不清楚，即使你在战场上打败他，也只能看到他的背影，很多时候连背影都看不到的。但曹操却未听进去，很快刘备就会用实际行动证明自己的价值。

袁军在白马、延津连败两阵，折损颜良、文丑两员大将，士气顿挫。

七月，汝南黄巾刘辟等叛曹操策应袁绍。汝南是袁氏的老

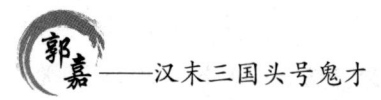

家，这里的人倾向于袁绍一点也不奇怪。袁绍可能是担心刘辟的兵力弱小，于是派刘备带兵南下增援，附近郡县纷纷响应。

眼看星星之火即将成燎原之势，曹操不得不从本就不多的兵力中抽调部队去南面救火。袁绍在曹操的背后开辟第二战场的策略是很高明的，此时的曹操已经焦头烂额，正面战场面对强大的袁军打得已经很吃力，后院又起火，刘备在曹操的大后方表现得很活跃。曹操派出的几拨部队都被刘备打了回去。腹背受敌的曹操压力山大，此时此刻他应该很后悔当初未听郭嘉的话扣押刘备，要不然也不会这么被动。

万不得已，曹操从前线本就吃紧的兵力中分出精锐骑兵交给大将曹仁率领前去对付刘备的游击队。

刘备的部队是新组建的，对抗普通的步兵还行，但面对曹军骑兵还差得远。很快，刘备的部队就被击溃，他不出意料又安全返回河北。

八月，袁军拔营起寨将战线南推，大军连营数十里，兵力全线展开，对曹军形成强烈的压迫感。

曹军也分兵与袁军对峙。但兵力占优的袁军显然占据上风。长期下去，备受压迫的曹军难免军心动摇士气受挫。

曹操感受到了前所未有的压迫，他知道不能再这么被动下去，这么被压着，早晚要出事的。所以，尽管处于劣势，曹操还是决定主动出击。九月，曹军攻打袁军大营，结果，战败。袁军大营坚如磐石，曹军没打动。

曹军出击失利，不得已又收缩战线，深沟高垒修筑工事摆出防守的姿态。

曹军出击过后，轮到袁军反攻了。袁军在前线堆起土山高搭木楼，弓箭手站在楼上居高临下向曹营放箭。曹军士兵在大营里走动都要举着盾牌，不然分分钟被袁军的弓箭手射杀。

这么被压着打，伤亡明显增多，对士气的打击更大。

被逼急的曹军很快制造出霹雳车来对付讨厌的袁军弓箭手。霹雳车就是抛石机。你用射的，我用砸的。抛石机投出的石头将袁军的木楼击碎，嚣张一时的弓箭手们被砸得头破血流，再也不敢轻易露头。

但袁绍还有后招，上面打不下来，那就从下面干。袁军又玩起地道战，企图通过地道攻击曹军。说起挖地道，袁军可是老手了。之前，被袁绍打得固守不出的公孙瓒就是这么被干掉的。

曹操对袁绍还是很了解的，他早料到了这招。袁军挖地道，曹军也挖。袁军的地道竖着挖，曹军在大营里也挖，横着挖。袁军挖地道干得很起劲，结果直接挖进沟里去了。

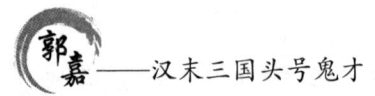

虽然接连挫败了袁军的两轮攻势，但曹操却乐不起来。他的军队比袁绍少，地盘比袁绍小。他的压力显然要比袁绍大。

战争已经进行了大半年，曹操多数时候都处于被动，因为主动出招发起进攻的多是袁绍，曹操只能疲于应对。袁绍频频出招，曹操见招拆招，很是热闹，但曹操恐怕心里也没底，他也不知道下次能不能接住袁绍的大招。

前线的战况令曹操身心俱疲，然而后方的情况更糟，战争需要征发更多的兵役徭役加重赋税，如此势必加重百姓的负担。

曹操的基本盘是豫州、兖州跟徐州，但这三个州此前都遭受过重创。豫州是讨伐董卓的主战场，被反复蹂躏后兵民逃散。兖州经过吕布之乱也是破败不堪。徐州更惨，被曹操屠杀数十万人。相比之下，袁绍的四个州受战乱波及很少，实力雄厚。

曹操据有的三个州，只有豫州是靠得住的，兖州曾经叛变过，在袁军大兵压境之下，难保不会叛变第二次。徐州被曹军屠杀掠夺，很难说对曹操有多大的支持。

豫州也不是都可靠，汝南郡就是袁绍的老家，那里有很多人明里暗里是站队袁绍的。

最可靠的是豫州的颍川郡，荀彧、郭嘉都来自这个郡。

曹操此时已经有点动摇了，一度有了退兵的想法。他写信给留守许县大本营的荀彧征求意见。荀彧给他举了项羽跟刘邦在荥阳成皋对峙的例子。

荀彧说当年楚汉相争的时候，双方对峙，打得都很苦，但谁都不肯先退，都在那里苦撑，原因即在于谁先退谁就被动，一旦撤退很可能就再也停不下来，随后就是被追杀进而引发全面崩溃。

这个道理曹操当然懂，于是，他也只能咬牙挺着，不敢后退。

曹操为何问荀彧而不是郭嘉、荀攸？从战术上后者更适合回答这个问题，但从战略层面上，只有荀彧能回答。

曹操征询荀彧背后的原因并不简单。荀彧的身份不仅是曹操的谋士，更是颍川郡地方实力派的代表。荀彧态度鲜明支持曹操，也代表了颍川郡对曹操的坚定支持。正是因为荀彧代表颍川郡表明立场，曹操才在最艰难的时刻有勇气将战争打下去。

以荀彧、郭嘉、荀攸为代表的颍川名士在地方有着巨大的影响力，他们之间的关系更是纵横交错复杂深厚，他们的向背可以决定整个地方的政治选择。而曹操很早就认识到颍川名士的重要性，曹操帐下文武，武将以曹氏夏侯氏宗亲为骨干即谯沛集团，文臣特别是上层主要由颍川名士构成即颍川名士集团。

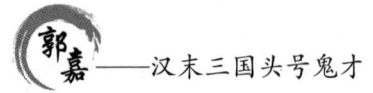
郭嘉——汉末三国头号鬼才

在曹操的有意安排下,颍川名士与曹氏早已深度绑定,双方的利益高度一致。在此后几十年,颍川名士在曹氏政权中的地位都是远高于其他地区的,基础就是在此时打下的。

在曹操控制区的很多郡县徘徊观望的时候,颍川郡都坚定地站在曹操这边,他们的付出也得到了回报。二十年后,曹操的儿子曹丕篡汉称帝的第二年便下令减免颍川郡的田租,理由就是:"颍川,先帝所由起兵征伐也。官渡之役,四方瓦解,远近顾望,而此郡守义。"

名士从诞生之日起就有着鲜明的地域特色,这个特点是与生俱来的。团结就是力量。在乱世中,个体的力量是微弱的渺小的,只有抱团取暖才能在这个纷繁复杂的社会生存下去。名士们很早就自觉地靠拢,他们互相援引,彼此推荐。荀彧向曹操推荐荀攸、举荐郭嘉就是最典型的例子。

地方诸侯也不得不重视甚至讨好他们。曹操得罪兖州名士被赶走,经过血战才重新回归。曹操重用豫州名士主要是颍川名士,得到后者的支持才有底气与袁绍对抗。

曹操能战胜袁绍很重要的一点便是内部团结。曹操很好地处理了谯沛集团与颍川集团的关系,双方文武分职,各尽其才,彼此交融,关系融洽。

反观袁绍一方,内斗不休,从来就没消停过。袁绍内部除了儿子们为夺位争斗,大臣们也分成不同派系,互相伤害,互相拆台。

袁绍的帐下也有不少颍川汝南的名士,代表是荀谌、辛评、郭图,帮袁绍空手套白狼从韩馥手里夺得冀州的就是这批人。

但袁绍的基本盘是河北,更准确来说是冀州,那他就不得不重用冀州本土名士田丰、审配、逄纪等。

韩馥的失败在于他不懂得尊重本地人士,谋臣如审配,武将如张郃,这些冀州本地人在韩馥掌权时都不得重用。

但袁绍来了之后,提拔重用一大批河北人。袁绍以审配、逄纪统军事,田丰、荀谌、许攸为谋士。这其中掌握兵权的审配、逄纪都是河北人。谋士当中比较复杂,田丰是冀州巨鹿人,荀谌是豫州颍川人荀彧的弟弟,许攸则是荆州南阳人,政治上倾向于汝南颍川这边。

颍川汝南名士自成派系,与冀州本土名士争权夺利水火不容。袁绍对此也只能和稀泥。

众所周知,曹操用兵最喜欢干的事就是劫粮。当他探听到袁军的运粮路线时便毫不犹豫地下手了。具体负责干活儿的是关羽的另一个老乡徐晃。曹军袭击了袁绍的运粮队,将一车车粮草烧

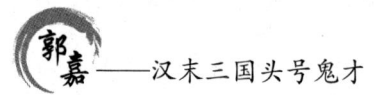

成灰烬。袁绍只能再派人回去调粮。

这次吸取教训的袁绍派大将淳于琼领兵一万在官渡大营的北面四十里屯驻守护粮草。

袁军南下的总兵力有十万,袁绍专门拨出一万人保护粮食,足以说明他对粮草的重视。

这时袁绍手下的重要部属沮授还觉得不保险,建议派将军蒋奇带一支兵在外围巡查,加强防守力度,里外两层防护更安全。

如果袁绍听了沮授的建议,那曹操还能不能顺利偷袭乌巢可就难说了。而突袭乌巢是曹操扭转颓势取得决胜最关键的一点,也是整个官渡之战的转折,由此可见沮授的水平。

沮授是袁绍手下不可多得的人才,因为他能文能武,既能出谋划策也能整军练兵。

战前,对与袁绍开战,许县的朝堂上是有过争论的。当时孔融就对荀彧说:"袁绍地广兵强,田丰、许攸才智之士,为之谋;审配、逢纪忠于职守,任其事;颜良、文丑勇将也,统其兵。袁绍人才济济,怕是很难应付!"荀彧当面驳斥孔融说:"袁绍兵虽多而法令不整,田丰刚而犯上,许攸贪而不治,审配专而无谋,逢纪果而自用,此数人者,势不相容,必生内变。颜良、文丑,一夫之勇耳,一战而禽也。"荀彧的话很快就在战场上一一应验。颜良、文丑双双被斩于阵前，田丰也因触犯袁绍被逮捕下狱，许攸不久之后也会出场对号入座。

荀彧点评了这么多袁绍的主要文武大臣却偏偏漏掉了沮授，而掌握兵权的沮授地位远远高于以上众人。荀彧却不提及沮授，说明连荀彧也找不出沮授的明显缺点。

袁绍扫平公孙瓒占据河北四州之地，实力达到巅峰。沮授也到达他人生的顶点，"监统内外，威震三军。"沮授也成为袁绍集团一人之下万人之上的二号首长。

但就是这么个人，在南下的问题上却公然反对袁绍。战前就大唱反调，出征前将家财散给亲族，在军中散布失败主义情绪，他的作用相当于袁绍方的孔融。

沮授的态度颇能代表冀州本土势力，他们的利益已经足够大，满足于现状的他们是袁绍集团的既得利益者，他们可不愿意去南下冒险。打输了，他们的损失最大，打赢了，袁绍的地盘变大，新投奔的各方势力必然增多，这势必会降低他们在袁氏集团的地位，新来的人还会分走他们的权力，瓜分本属于他们的利益。

冀州本土势力不愿南下冒险，与之对应的是，袁绍集团内部的颍川汝南名士却极力主张南下扩大地盘，最好能覆盖他们的家

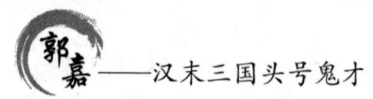

乡，如此可以脱离河北派系的主场，回到河南，那里是他们的主场。富贵还乡是大部分人都向往的，名士们也不例外。富贵不归故乡如锦衣夜行。

冀州名士们反对的，颍川汝南名士们就赞同。在大多数情况下，这两派的日常操作都是如此，互怼互撕，才是主流模式。更何况，这次的决定涉及他们的根本利益。

凡是敌人反对的，我们就积极赞同。凡是敌人赞同的，我们就积极反对。

沮授反对伐曹，引起袁绍的不快。敌对阵营的颍川名士如何肯放过落井下石的机会。袁绍手下的重要谋士颍川人郭图就趁机对袁绍说，沮授这个人权力过大，长此以往势必对主公不利，不如稍稍削夺之。袁绍觉得有理，就将沮授统领的部众一分为三，分别交给沮授、淳于琼、郭图三人管理。

大战之前，袁绍集团却忙于窝里斗，彼此不和，这就为失败埋下隐患。

郭嘉在他的十胜十败里说，袁绍大臣争权，谗言惑乱，曹操御下以道，浸润不行，此明胜也。以上的事例就是明证。

这时另一个汝南颍川集团的谋士许攸献计说："曹操的兵少，如今更是悉数聚集于官渡，后方必然空虚。我们应该派轻骑兵分

官渡之战——十胜十败以弱胜强

路南下,昼夜兼程,奔袭许都。一旦得手,曹军必然不战自溃。"许攸的这个计策一点新意都没有。

派人在敌后袭扰,这个事情袁绍早就做过,之前刘备干的就是这个工作,结果很快溃败。袁绍派出的多路敌后游击队先后失败,在外围都这么惨,更何况是曹操的大本营许县。那里的防备必然更严密,以曹操的行事作风,他是不可能不做准备的。这时候派人去那就是送人头,敌后袭扰全部失败,而袁军取得的胜利都是在正面战场取得的,获胜的原因也很简单,依靠兵力优势对曹军进行碾压,说那么多还是得靠实力。

实际已经得出正确的答案,袁绍没有理由放弃正面寻常操作就能取得的胜利而去搞之前连连失败导致损兵折将的偷袭。许攸是个文臣,对军事并不在行,往往想当然,自认为是妙计,实际行不通。而他这类人还常常自视甚高。袁绍对许攸的提议不予理会,这让许攸大为不满,很是不爽,但令他更不爽的还在后面。

郭嘉在十胜十败里说,桓、灵以来,政失于宽,但袁绍却以宽济宽,致使豪强纵横,多为不法,曹操却能纠之以猛而上下知制,此治胜也。

袁绍所谓的宽不是对百姓的宽,而是对地方豪强的宽,袁绍帐下的众多文武大都是强宗大族的代表。平时,袁绍为笼络这些

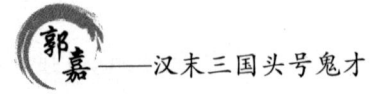

人,对他们往往都很放纵。这些人在地方上飞扬跋扈惯了,为所欲为。

许攸在前线不得志,他的家人更惨,因为犯法被留守邺城的审配直接关进大牢。

袁绍不是以宽制宽吗?为何还要收治许攸家人?因为此时袁绍在前线不在邺城,犯法的是荆州南阳人许攸的家人,而留守邺城的是冀州魏郡人审配。

又到了窝里斗时间,袁氏确实对强宗大族很宽容,但审配对自己的政敌却不会手下留情。审配打算也秉公办案认真执法一回,对许攸留在邺城的家人的犯法行为公事公办,予以严惩。

许攸听说后直接暴走,审配这摆明了是公报私仇。许攸也毫不示弱,当即阵前反水南下投奔曹操。

许攸叛逃是官渡之战的重要转折点。

曹操听说许攸来投,高兴得连鞋子都来不及穿,光着脚就跑出去迎接。他太清楚许攸的分量了。

两人相见后,曹操抚掌大笑说:"子卿远来,吾事济矣!"意思是,你来啦,我的事情就成啦。何事?当然是战事。曹操对许攸说,你能来,这场仗我赢定啦。

曹操为何这么说?因为他很清楚许攸在袁绍集团的地位。许攸足智多谋，也是位奇士，在袁绍那边的作用相当于曹操的郭嘉。

以许攸在袁绍那边的地位能量必然掌握了大量袁军的机密情报。

这个时候，许攸主动来投，曹操自然是喜出望外。而且，曹操与许攸也是故人，两人很早就认识。当年曹操的小伙伴有袁绍还有许攸。

两人入座后，许攸对曹操说："袁氏军力强盛，你有对付的办法吗？现在军中还有多少粮食？"对第一个问题，曹操避而不谈，直接略过。第二个问题，曹操回答得倒是很从容："粮食还可以支撑一年。"为何答得这么痛快？因为曹操说的是不折不扣的谎话，曹操几乎是不假思索谎话张嘴就来，不愧是奸雄，这才是本色出演。

曹操的演技很高，怎奈对许攸却不管用。这俩人是从小玩到大的发小。对曹操的为人，还有比许攸更清楚的吗！更何况许攸是带着情报来的。曹操的老底他都知道，曹操的表演再到位也忽悠不了。

许攸听到曹操的话面露不悦，说："不对！说实话！"曹操老脸一红，吞吞吐吐地说："还可以撑半年。"许攸直接翻脸了：

"你是不想打败袁绍呀!怎么见到老朋友连实话都不说呢!"许攸这么说显然是知道实情的。

曹操见骗不过去,只能说实话:"刚才是开玩笑的,其实,军粮只够一月,你看怎么办?"

许攸知道,曹操这次说的是实话。他也不再啰嗦,开门见山:"你现在孤军困守在这里,外无救援而粮谷已尽,形势已经很危险了。袁军的辎重一万余乘在故市、乌巢,虽有屯兵但防备松懈,如果以轻兵突袭,出其不意攻其不备,将袁军的粮草付之一炬,不出三日,袁绍必败。"

曹操闻言大喜,当即留曹洪、荀攸守营,自己亲率步骑五千去袭击袁军屯粮之所乌巢。

曹操这么干是有点冒险的。虽然许攸跟他是好友,但许攸跟袁绍也是好友,况且利益面前,亲兄弟都靠不住,更何况是多年未见的朋友。而且,许攸是从袁绍那边来的,谁知道他是真降还是诈降。真降当然好,可如果其中有诈,那曹操可就是自投罗网。

但曹操还是决定冒险一搏。他认为许攸不会拿性命来诈降。但即使许攸是真心投降,乌巢也是不好打的。淳于琼有一万人守在那,而曹操只有五千。曹操是以少打多,虽然是偷袭,但乌巢距袁军的官渡大营也只有四十里，这个距离不算很远，骑兵半天就能赶到。如果曹军不能迅速解决战斗，等袁军的增援赶到，等待曹操的必将是腹背受敌，被人家包饺子。

但曹操很清楚，这是他最后的机会。如果不兵行险招，一个月后，军粮吃光，等待他的必然是全军崩溃。虽然明知冒险，但曹操也只能知难而上。

此去是一战定生死，胜还是败，只看这一回，曹操不用别人带兵，自己亲自上。不是曹操信不过别人，而是曹操明白自己的命运要掌握在自己手里，此战注定是一场硬仗，这个时候不能有丝毫的犹豫，稍有迟疑就满盘皆输，作为统帅他必须身先士卒给全军树立信心。

郭嘉在十胜十败中说，袁绍多谋少决，曹操得策辄行，此谋胜也。

这一点在突袭乌巢这件事上体现得最明显，曹操听到许攸的建议后几乎没有犹豫，当即采纳立即执行。

曹军打出袁军的旗帜，人衔枚马缚口，趁着夜色出发，全军从山间小道向乌巢进发，每个士兵都抱着一束干草，这是用来放火用的。沿途遇到袁军的岗哨盘问，曹军就说是袁绍怕曹军劫粮，特派兵增援加强防备。这个理由合情合理，袁军深信不疑，

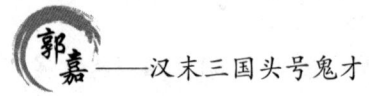

一律放行。

等曹军赶到乌巢立即放起大火。燃烧的火焰惊醒了乌巢的袁军,但大将淳于琼也没有立即出动,黑夜里敌情不明,他不敢轻举妄动。应该说,到此时,淳于琼的表现还算合格。曹军在外面折腾了一晚上,淳于琼只是看着也不出来,挺有耐心。

等到天色微明,淳于琼看清曹军人数很少,胆量瞬间就变大了。淳于琼主动大开营门,在营外列阵,要跟曹操开战。

曹操看到此情此景高兴得简直要哭出来,这是他求之不得的。淳于琼还真是知道他的心意。

曹操就是奔着决战来的,而且必须速战速决,时间拖得越久对他越不利。袁绍就算反应再迟钝,这时也应该得到报告了,此时增援的袁军肯定已经在路上了。

既然已经摆开阵势,那就抓紧时间干吧。曹操率军直冲敌阵。打起来,淳于琼才发现眼前的这些人实在可怕,虽然他的兵力是对方的二倍,却完全不是敌手,很快就被打得溃不成军。淳于琼赶紧指挥部队往大营撤,打算据守营寨等待援兵。可是,迟了。曹军尾随着败退的袁兵杀进大营。

袁绍接到曹军袭击乌巢的报告对长子袁谭说:"他去攻乌巢,我就攻他的大营。即使曹操击破淳于琼也将无处可去。"袁绍派

官渡之战——十胜十败以弱胜强

大将高览、张郃攻曹军大营。张郃说:"曹操的精兵都去了乌巢,如果不及时增援必破淳于琼。一旦乌巢出事,我军必败。"但郭图坚持攻击曹营。张郃说:"曹军营垒坚固,一时难以攻下,如果能攻,我们早就攻下来了,还会等到现在!如果淳于琼有失,我们怕是都回不去河北了。"但袁绍不为所动,坚持按郭图的计策,派轻骑兵去救乌巢,而以重兵攻击曹营。

郭嘉在十胜十败里说袁绍好为虚势,不知兵要,曹操以少克众,用兵如神,军人恃之,敌人畏之,此武胜也。

袁绍跟曹操此时的表现简直就是按郭嘉说的来的。

袁绍在关键时刻所做的决定改变了战争的走向。

袁绍所犯的错误其实不是调集重兵去攻击曹营,也不是派轻骑兵去救援乌巢,而是在本该拼命的时候没有亲自上阵。

许攸的突然叛逃出乎袁绍的预料,郭嘉说袁绍反应慢的特点在此时完全暴露出来。

袁绍其实很会谋划,自官渡开战以来,他就掌握主动,只要照目前的形势对峙下去,他就稳操胜券。

许攸逃到曹操那里开口就问粮草,显然他是知道曹军粮草将尽,才由此一问。那问题来了?他的情报是从哪里来的,当然是袁绍。作为决策层的成员,许攸知道这个重大情报并不奇怪。

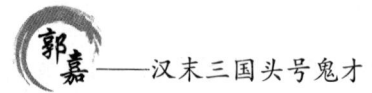

许攸都知道的事情,袁绍不可能不知道,所以,与曹操的紧张不同,袁绍此时很放松,他在等胜利。在袁绍看来,曹操的崩溃就在眼前,胜利即将到来。

可是,许攸的突然叛变让形势急转直下,而正如郭嘉所料,面对形势的变化,袁绍显露出了他的弱点,反应慢。

曹军突袭乌巢,袁绍派轻骑兵去救是对的,因为派大部队根本来不及,四十里的路程,步兵去至少需要大半天,等赶过去,曹操那边早就结束战斗了。

袁绍做错的是,他应该亲自带队并带上所有骑兵。因为决战是在乌巢,不在曹军大营。攻曹营只是助攻,主攻方向应该是乌巢,而且必须全力以赴。

但袁绍并未引起足够的重视,显然,他没有意识到问题的严重性,等他明白过来,已经迟了。郭嘉对袁绍的分析可谓精准。袁绍的思虑是很周全,但他的反应总是比曹操慢一拍。

结果很快见分晓,淳于琼全军覆灭,派去的援兵也被击溃。袁军屯在乌巢的粮草全部被烧。曹军在乌巢的胜利已经决定了这场战役的胜负。而对曹营的攻击也不出张郃所料,打不动。

在前线苦战的袁军得知乌巢失利,全军的士气顿时瓦解,瞬间崩溃。事实证明,郭图的主张是完全错误的,这时袁军内部窝里斗的毛病加剧了危机。郭图为了甩锅推卸责任在袁绍面前说张郃的坏话。

张郃得知后，干脆一不做二不休，与高览在阵前烧毁攻城器械投降曹军。

这下袁军彻底崩溃，慌乱之中，袁绍来不及组织撤退，与儿子袁谭只带着八百骑兵逃过黄河，狼狈回到河北。

主帅抛弃大军逃走，剩下的七万多袁军尽数被俘。接下来，曹操又干了一件极其恶劣的坏事，他将七万降卒全部坑杀。曹操不得人心，因为他凶暴不仁。相比之下，他的对手刘备征战一生不杀降兵不扰百姓，刘备的仁义实至名归。

曹军在打扫战场的时候发现许多曹操手下给袁绍的密信。至于密信的内容不用想也知道，那就是表达弃暗投明之意。人性是经不起考验的，曹操阵营中脚踏两条船的大有人在。

如何处理这些密信，是个难题。曹操在这件事的处理上充分展现了他奸雄的本色。随后，曹操下了一道命令，将这些文书当众烧毁。

看着燃起的熊熊大火，曹操笑了，他身后的很多人也一脸释然，明显放松了许多。

然而，事情真的到此结束了？

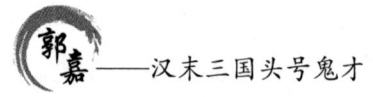

真的如此简单？

答案当然是否定的。

《魏略》讲了这个故事的另一个版本：袁绍败逃，留下许多来不及处理的书信，曹操派人搜查，找到很多部下与袁绍的往来信件，这是通敌证据，铁证如山。曹操逐一与手里掌握的名单进行核对，发现少了一个人，镇守汝南的李通，曹操说，这一定是赵俨的原因，赵俨是李通的副手，两人一起守汝南，这里是袁绍的老家，敏感地区，当然也是袁绍策反的重点。虽然在李通的传记里说他面对袁绍的诱降严词相拒表现得大义凛然。

然而，在最危急的时刻，他也有点动摇了，也想写封信给自己找后路。最后时刻还是赵俨劝他不要动摇，要力挺曹操。李通才未写信，也就没有留下把柄。

但即便如此，曹操却对李通的想法举动了如指掌，说明在李通身边肯定有曹操安排的内线。而从曹操事前就已经掌握了通敌的名单这点看，官渡之战的谍报战也是极其精彩的。

其实，向曹操报告汝南情形的内线很可能就是这个赵俨。他也是一个被忽略的重要角色。

这就不得不说说赵俨其人，说来也"巧"，他也是颍川人。我们知道，曹操早期的文官系统基本是颍川人组成，他被派到汝南做李通的副手真的是巧合吗？当然不是，说穿了，他就是曹操派来监视李通的。李通会乖乖听话不敢有二心，跟这个曹操安插的内线多少有点关系。此人出场的机会不多，却是曹操的心腹嫡系。

八年后的赤壁之战，曹操其实是兵分两路去打刘备跟周瑜的。曹操自己率水军沿江东进。而率步兵走陆路的都督护军正是这个赵俨，当时赵俨手下的大将就有于禁、张辽、张郃、朱灵，这些都是曹操麾下能打的名将，赤壁鏖兵时他们不在曹操身边而是跟着赵俨从章陵南下走陆路，约定与曹操率领从江陵出发的水军水陆夹攻夏口。而赤壁之战发生时，这支陆军主力还在路上，他们未能赶上赤壁大战。说到这里，你就会明白赵俨在军中的分量，而他之所以如此受信任，应该也是与官渡之战关键时刻稳住后方的出色表现有关吧。

曹操这里有袁绍的间谍，袁绍那里也有曹操的间谍。真正的你中有我，我中有你。

通敌的人，曹操有详细的记录，他是在对完通敌名单后，才下令放火烧信的。危急关头做墙头草是很多人面对危局的自然反应，这就是人性。很多人会在大难临头时各自飞，正因如此，才彰显忠臣的可贵。

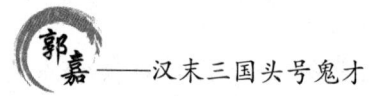

在官场多年，曹操对人性的体察应该是很深刻的。

你权势滔天，便宾客盈门。

你失势落魄，便门可罗雀。

这是再正常不过的事情，也是大多数人的正常反应。铁杆忠心的永远是少数。

曹操能理解那些墙头草的处境，但他也必须知道那些通敌的人的名单。

他可以不追究，但不可以不知道。

只有如此，在下次危机来临时，他才知道哪些人是可靠的、可以信任的。这次是侥幸取胜，但他不可能总这么幸运。

他们出卖你一次，就可以出卖你第二次。

曹操要做到心里有数，睡觉才能睡得踏实。

官渡之战，曹操是险胜，甚至可以说是惊险万分，在即将崩溃之前，他抓住了为数不多的也是仅有的机会，兵行险招，反败为胜。

深藏功名
——郭嘉的处事智慧

曹操能在局势不利于他的形势下以弱胜强，在于关键时刻豁得出去，敢拼。

但还有一个人对局势的逆转有着不可忽略的作用，这个人就是许攸。

正是许攸的叛逃给曹操带来转机。显然，许攸对曹操是有功的，但许攸的结局也是颇为耐人寻味。

数年后，曹操如愿以偿攻入袁绍的大本营邺城，达到他的又一个巅峰时刻，但许攸的人生却即将走向终点。

曹操杀许攸是蓄谋已久的。因为许攸有点居功自傲了。不过，许攸确实有骄傲的资本。官渡之战，曹操兵力耗尽，粮草不济，州郡齐叛，四方瓦解，眼看失败就在眼前，危急关头，许攸叛逃进曹营献计偷袭乌巢，曹操才反败为胜。官渡战役曹操能打赢，多亏许攸。

而曹操与许攸，两人相识多年，是交情很深的那种，所以别

深藏功名——郭嘉的处事智慧

人对曹操表现出十足的下级对上级的敬畏时，许攸却不拿曹操当干部。立有大功又是发小，许攸在曹操面前有点飘，动不动就当众叫曹操的小名。曹操的乳名叫阿瞒。许攸不分场合不分地点，经常就这么阿瞒、阿瞒地叫。

在一次宴会上，许攸又当着大家的面对曹操说："阿瞒呀，要不是我，你可得不到冀州呀。"曹操十分恼火却又不便发作，只能勉强赔笑说："您说得对，确实如此。"

还有一次，曹操带着众多文武出城巡视，他们走的是邺城的东门。过城门的时候，许攸就很得意地对身边的人说："他们曹家要不是我，能进出邺城的城门嘛！"言下之意，曹操能有今天可是他许攸的功劳。这番话自然很快就传到了曹操的耳朵里，曹操自然又是大为不悦。

许攸这已经不是炫耀，这是嫌命长。要知道，曹操可不是啥心胸宽广的人，奸雄之名可不是白得的。

当许攸在曹操面前吹嘘的时候，曹操虽面带笑容，实则内心已动杀机。

曹操要杀许攸并不完全是过河拆桥。许攸也是自作自受，摆不清他此时的地位。

人一定要清楚自身的定位，不要把自己太当回事儿，当然也

不要不当回事儿,做人做事都要有分寸知进退。

曹操早已不是那个跟他在一起胡闹的少年玩伴,而是大权在握朝廷的实际掌控者。

许攸的放肆让曹操很没面子,但许攸却全然没有觉察。他小时候能成为袁绍、曹操的儿时伙伴,长大又先后做袁绍、曹操的谋士,显然智商是很高的,但他的情商以他的表现来看,明显不及格。

在腥风血雨的朝堂上,情商不及格的下场只有一个,被淘汰。曹操很快就找了一个理由杀了许攸。对于曹操来说,他杀人其实不需要理由,但至少表面上他会做得很合理。有一句话叫,欲加之罪何患无辞。曹操想要谁的命,也只需一句话。

许攸被杀,却不值得同情,因为他完全是咎由自取。

以许攸的为人与行事风格,他能在袁绍阵营安然自若多年,不得不说,袁绍这人对名士确实是相当的宽容。

与许攸形成鲜明对比的是郭嘉跟荀攸。他们都是智谋之士,都擅出奇谋划奇策,但他们的结局却迥然不同。

许攸被杀,荀攸与郭嘉却备受重用深受信任,郭嘉甚至被猜疑心很重的曹操当作可以托孤的大臣,这是多深的信任。

曹操对荀攸、郭嘉的信任当然是有原因的,最重要的就是,

深藏功名——郭嘉的处事智慧

这两人十分明白自己的身份,知道哪些事可以说,哪些事不可说;哪些可以让外人知道,哪些不可令外人知道。曹操与他们商议机密才不担心被泄露。

最典型的就是,郭嘉与荀攸参与谋划机密多年,但他们的奇策密谋大多却不被外人所知,最多也只是知道个结果,至于细节,连他们身边的至亲之人也不得而知。荀攸为曹操谋划数十年却几乎没有留下他参与决策的文字记载,这就是他的聪明之处。

荀攸的地位作用与郭嘉相当,却几乎被人忽略,原因在于他的低调。郭嘉其实也是这种人。郭嘉的名气完全是被后世捧出来的。他们是一类人,也正是因为如此,他们才走得相对近些。物以类聚,人以群分。荀攸与郭嘉关系很近。看到荀攸几乎也就看到了郭嘉。

曹操评价荀攸说他是大智若愚、外怯内勇,荀攸与郭嘉都全程参与了南征吕布、北战袁绍的所有重大军事行动,但二人保持了惊人的默契,那就是出谋划策仅限于公事,很多时候甚至只对曹操本人陈述,私下从不讲论功劳,更不会以为谈资对外人夸耀。

曹操用兵确实很强,但不代表他不犯错。曹操之所以能屡屡得胜,在于每到关键时刻曹操即将犯错的时候,总会有人站出来替他纠错。曹操能越战越强，在于他背后有比他更精于谋划的纠错人。郭嘉跟荀攸就是站在曹操背后的纠错人。他们总是在关键时刻发声，起到举足轻重的作用，却从不在外人面前夸耀己功，只是默默地做着自己的事情，如此聪明又如此懂事的下属，哪个上级会不喜欢呢！

郭嘉与荀攸就是知进退的聪明人，特别是对曹操这种猜忌心很重的奸雄，他们知道如何与之相处，才不至招致猜疑，才能明哲保身。

很多事情都是古今相通的。

永远都要尊重你的领导，至少表面上如此。即使你内心再鄙薄他也不要显露出来。当然，如果你想换老板那就另当别论了。

许攸爱炫耀强出风头被干掉，身首异处。荀攸不争不抢却官运亨通。十余年后，曹操封公建国，魏国的首任尚书令就是荀攸。郭嘉如果不是过早辞世，地位也不会低，至少应是位列九卿。

郭嘉、荀攸都明白，低调才不会被猜忌，才能受重用。荀彧自杀，程昱被贬，就是例子。

关于荀攸的谨小慎微，还有一个故事。随曹操平定河北后，不同于许攸的高调，荀攸回到家中口不言功，言谈举止一如平

深藏功名——郭嘉的处事智慧

日,他的表弟辛韬出于好奇私下问他:听说攻取河北时,您向主公献出一条妙计,讲来给我们听听嘛!荀攸冷冷地说:"辛毗替袁谭来求援,大军就北上平定了河北。具体的情形,我怎么会知道?"从此家里人再也不敢问他军国大事。郭嘉的行事风格与之大体相同。

不该说的不说,不该问的不问,言行谨慎,不给别有用心之人以可乘之机,因为祸从口出,言多必失,低调内敛才是正确的行事准则。

一个人要找机会去展示自己的才华,充分利用各种机会表现自己。但更多的时候,一个人要懂得收藏起锋芒,深藏功与名。

你取得的成就,只有你自己是喜悦的,你的父母会为你高兴。但其他人可就大为不同了,当你找错人,分享成绩就变成了卖弄炫耀。过于高调,引来的很可能是羡慕、嫉妒,后者可能更多一些。曹操有句名言,不可慕虚名而处实祸。郭嘉与荀攸可谓深得其中之精髓。真正的聪明人从来不在意外在的虚名。过分外露只能招来嫉妒以及憎恨。

精准预测
——郭嘉料定孙策的下场

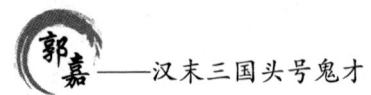——汉末三国头号鬼才

建安五年(200)三月,当曹操在官渡与袁绍开战时,有人担心江东的孙策会趁机举兵从背后偷袭。如果孙策真的这么干,曹操就会很被动,因为这时他最怕的就是两线作战,南下打刘备时都是提心吊胆还是速战速决,生怕北面的袁绍趁机打来。

此时孙策的威胁要远远大于刘备。因为刘备这时是游击队,没有地盘,缺乏持久战的实力。但孙策不同,他有本钱。孙策虽然年纪轻轻,但在建安五年(200)已经坐拥江东六郡,兵精粮足,势头正盛。

而且,孙策跟他爹孙坚都曾效力于袁术,虽然不是嫡系,但各路军阀都将这对父子看作是袁术的人。

至于袁术跟曹操的关系,那就不用多说了,这两人几乎是从头打到尾。袁术虽然是被刘备打败的,但刘备只是冲在前面的战将,背后的推手是曹操。

从这个层面来说,曹操与孙策是敌对关系。但军阀混战的时

精准预测——郭嘉料定孙策的下场

代,朋友还是敌人是不确定的,昨天还是朋友,可能明天就是敌人,翻脸比翻书还快。今天称兄道弟,明天就能拔刀互砍,友谊的小船说翻就翻。

决定关系的还是利益。

曹操与孙策也是如此。袁术称帝的时候,早就对袁术不满的孙策与之决裂趁机单飞,与曹操一度走得很近。但双方的关系也仅限于表面的亲近,不过是相互利用。

如果孙策真的从后面动手,在前线以少敌众的曹操就会很闹心了。因为他这点兵对付袁绍已经很吃力了,再也分不出多余的兵力来应付孙策。

这时又是郭嘉站出来为曹操分忧解答疑难安抚众人。

郭嘉说孙策这个人自恃勇武轻率没有防备,虽有百万之众,跟一个人独行也没有分别,必死于匹夫之手。

但是,可能郭嘉本人也未料到,他的预言极其精准,而且很快就应验了。

建安五年(200)四月,孙策在出行打猎时被许贡的门客刺杀伤重身死。如此准确的预测,让人不得不佩服郭嘉。全被他料中了。

郭嘉的预判不是主观臆想,而是依据事实经过分析得出的结

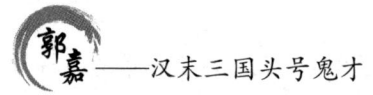

论。

孙策是那个时代少有的少年英雄,他继承了父亲孙坚的骁勇果毅,但也承袭了孙坚的轻率鲁莽,也就是说,优点缺点他都继承了。而他的结局与他的父亲也是惊人的相似,这可不是巧合,用那句常用的话叫,性格决定命运。用在这父子身上再合适不过。

郭嘉的精准预测是建立在对人性深刻的洞察上做出的。

孙策起兵时的条件是很艰难的,他父亲留给他的资源很少,他能成就一番霸业可以说主要靠他自己的奋斗。留给他的负面影响却很大,袁术旧部,仅这一项就够孙策忙活很多年的。这个身份未给他带来任何实质上的好处,却带来很多麻烦。袁术的名声,大家都知道,那是顶风臭着八百里,有名的贼头,各路山贼草寇的总头目。而孙策的父亲孙坚在讨伐董卓时就已经与袁术深度绑定。袁术最开始盘踞的荆州大郡南阳就是孙坚打下来的。而孙坚也是在南下襄阳打刘表的时候战死的。此时的孙策才十七岁,他要为父报仇,要继承孙坚未完成的事业,为此他只能去投靠袁术。

孙坚早年当长沙太守时因受到名士歧视,怒杀荆州刺史王叡,又杀南阳太守张咨,从此与名士们结下深仇。当然,孙坚杀

精准预测——郭嘉料定孙策的下场

这两人可不是单单受辱报复那么简单,抢地盘还是主要原因。

孙坚投靠的又是不受名士待见的袁术,在名士主导舆论的社会,其口碑可想而知。

这些孙策当然知道,但他只能选择投奔袁术。他的舅舅吴景、堂兄孙贲都在袁术手下,更重要的是,他父亲的旧部还在袁术那里。

结果就是,孙策又走上了他父亲的老路,为袁术抢地盘。

孙坚早年虽是袁术的部下,但又有一定的独立性,自然不是嫡系。到孙策这里依旧如此。嫡系与非嫡系的待遇是有差别的。这点孙策很快就体会到了。

孙策踏入社会的第一步就是个坑,袁术挖的。袁术派年轻小将孙策去攻打庐江,承诺打下来就让孙策当庐江太守。孙策真信了,带兵围攻庐江,打了整整两年,好不容易攻下庐江。袁术却转手任命自己的嫡系亲信刘勋做了庐江太守。孙策这两年等于白干。这还不是最糟的,被孙策围攻的庐江太守陆康是江东著名的世族,与江东各大家族都有着千丝万缕的联系。孙策对陆康的进攻得罪的是整个江东世族。孙策对庐江的攻击又是作为袁术的部属进行的。于是,在江东世族的眼里,孙策就是乱臣袁术的帮凶。这个标签给孙策未来征战江东带来很多麻烦,几乎所有江东

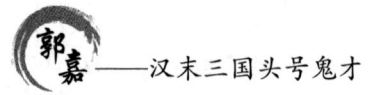

世族看孙策都是带有敌意的。

孙策也很懊恼,忙活半天却是给别人做嫁衣,攻城苦战,人得罪很多,好处却一点没有。吃亏的孙策终于明白袁术是靠不住的,于是开始慢慢积蓄实力,准备单飞,脱离袁术。机会说来就来,这个机会还是袁术送的。

利令智昏,袁术居然想当皇帝,他很想高调,但他的实力不允许,很快就在各路诸侯的围攻下被打回原形。孙策趁机公开与袁术决裂,正式单干。

但之前孙策的名声已经臭了。尽管他很想洗白自己,可是谈何容易。

孙策决定向南发展打回老家去。但孙策的回家之路因为他有袁术部将的名号注定充满血腥,因为这个尴尬的身份,几乎所有的老家人都不欢迎他。

虽然孙策自己不愿承认是袁术的马前卒,竭力想撇清与袁术的关系,但江东人特别是那些大族名士并不买账。

孙策对他的家乡江东其实也十分陌生,虽说他是江东人,但却是在江北长大的。对故乡的疏离其实是从孙坚开始的,孙坚真正发迹的地方也不在江东而在江北,他的部下主要构成都是江北淮河泗水一带的人,淮泗才是孙氏的基本盘。

精准预测——郭嘉料定孙策的下场

而且此时的江东也是有主的，此人即是宗室刘繇，时任扬州牧。但是扬州早就被袁术看作他的后花园，袁术本人就盘踞在扬州的治所寿春。这么一来，刘繇就尴尬了。又惹不起袁术，刘繇只能另寻办公地点。这时孙策的舅舅吴景、堂兄孙贲主动迎接刘繇过江到曲阿。扬州被长江一分为二，袁术的势力在江北扬州，虽然吴景跟孙贲名义上也是他的部下，但已经处于半独立状态。因此，袁术对吴景、孙贲的举动也只能选择视而不见。

起初，刘繇与孙氏的关系还是不错的，但从孙策进攻庐江开始，形势就全变了。因为刘繇与陆康都是名士，同属一个阶层。孙策攻击陆康激怒的是整个名士圈。结果就是，吴景跟孙贲被刘繇赶走，被迫回到江北再次投靠袁术。

对扩张地盘兴趣浓厚的袁术想要的是整个扬州，于是又给吴景、孙贲兵马让他们再打回去。

可是，刘繇早有准备，他早就派人守住长江渡口。自古以来横渡长江都是极具挑战难度极高的，长江可不容易过，特别是防守方严阵以待的时候。吴景和孙贲打了一年也过不去。

孙策选择南下打拼是明智的，以他的那点可怜的兵力继续北上那就是找死。北方是强强对抗，南方则是菜鸡互啄。南北双方完全不在一个档次上。北方那是袁绍、曹操这种级别的实力派才有资格上场的，孙策这个档次的连上牌桌的资格都没有。但在南方就不同了，在南方，孙策就是实力派，因为这里的势力相比北方就是渣渣。孙策的水平在北方可能连吕布都不如，但在南方他就是强者。

不过，孙策想南下也要面对长江，吴景跟孙贲打了一年也打不过去，孙策来了也没有优待。

但很快就有人从南岸率船队来接他了。长江难过是因为江面宽阔加上有人拦阻，如果有人接送当然就容易过了。

来接孙策的是他的好兄弟周瑜。朋友多了路好走。别人过不去的长江，孙策轻松渡过，只因为有接应。

孙策给周瑜写信求助。刘繇赶走吴景、孙贲之后便任命周瑜的叔父周尚为丹阳太守。此时的周瑜正在丹阳。

收到书信的周瑜当即带着叔父的部众船只来接好兄弟孙策。

周瑜及时伸出援手，对于此时的孙策简直就是雪中送炭。孙策跟周瑜从小就认识，他们是真正的发小，也是生死之交的兄弟。

周瑜将兵迎策，长江便再不是险阻，可以顺利平渡。

这是孙策独立之后迈出的第一步，也是最重要的一步。

孙策选择向南不是向北是他做出的最正确的战略决策。

精准预测——郭嘉料定孙策的下场

南下的第一步就是过江,这一步是最难的。周瑜帮他渡过难关,也为孙氏立下大功。从此,周瑜与孙氏便绑定在一起。

因为周瑜在帮助好兄弟孙策的同时也背叛了他的士族阶层。刘繇这个扬州刺史只有一个郡,那就是丹阳,他把丹阳交给周尚是对周家的信任,周瑜却带着周尚的部队去迎接刘繇的敌人。周瑜出卖了刘繇,也背叛了他的家族。孙策当然也明白周瑜的付出,他很清楚周瑜为他牺牲很多。周瑜未来在江东的地位就是在此时确立的。

能挡住孙策的只有长江。过江之后的孙策一发而不可收,连战连胜,刘繇的那些部下压根也挡不住他。孙策很快就杀到刘繇的大本营曲阿。双方在曲阿展开决战,不出预料,孙策杀败刘繇将后者驱逐,顺利攻下丹阳郡。

丹阳百姓听说孙策来了,纷纷窜入山林躲藏,生怕撞上这位孙郎性命不保。孙策的军队尚未入城,百姓早已逃散一空。大家避孙策如避猛虎野兽。其实在百姓眼中,孙策可比虎豹豺狼可怕多了。

之前说过,孙策其实是个假江东,他只是出生在江东,青少年时代是在江北的淮泗度过的。渡江之前,他都未怎么在江东待过。

那为何百姓会如此惧怕他呢？当然是有人妖魔化了孙策，至于是哪些人，还用问吗？只能是孙策的敌人，江东的士族阶层。

但孙策的军纪严明，所过之处秋毫无犯。百姓们渐渐发现，孙策并非如传言说的那么可怕，局势很快就得以平定。

与此同时，孙坚的老部下，即劝孙策过江的朱治也打下吴郡，太守许贡南逃投奔山贼严白虎。

形势一片大好。建安元年（196），孙策继续深入，扩大战果。

他现在有两个主要对手，一个是待在会稽的王朗，此人与刘繇同属中原名士圈，属于空降干部。另一个是盘踞吴郡的山贼严白虎，本地土著。从孙策对这两人的态度可以看出，孙策对中原名士与本土势力明显不同。孙策最后的结局与他的这种区别对待有很大关系。

当众人一致认为应该先打严白虎时，孙策却力排众议，坚持先打王朗。

孙策坚持己见，原因也很简单，王朗好打。会稽太守王朗与之前的扬州刺史刘繇都是中原人被外派来到江东的，他们在本地缺乏根基，他们只能依靠本地人。而那些本地人大多是顺风倒，关键时刻是靠不住的，加上他们又是只会空谈的官僚不会打仗，

精准预测——郭嘉料定孙策的下场

打他们十拿十稳。

王朗听说孙策带兵杀来，开始还挺硬气，表示坚决要抵抗，也真跟孙策打了两仗。孙策虽然年龄小但江湖经验丰富，王朗跟他比还是很傻很天真。孙策略施小计就把王朗打得溃不成军。王朗知道会稽守不住了，就赶紧跑，可是跑来跑去却还是未能逃出去，最后只能向孙策投降。

王朗虽然做了俘虏，但孙策对他很客气，也没有为难他。因为孙策很清楚，王朗这类人徒有虚名，对他不构成威胁，杀了王朗只会招来恶名，一点实惠都没有。留着反而能显示自己的宽宏大度，况且，此时的孙策很想洗白自己，对王朗能利用当然要利用。

孙策对王朗以礼相待，但对那些一心反抗他的本土势力可就没这么客气了。会稽周氏因不肯投降被孙策全部斩杀一个不留。对抵抗到底的本土势力，孙策的政策简单粗暴，一个字，杀。孙策对这些真正的敌人从来不会有年龄性别的歧视，全部斩杀。

占领会稽之后，孙策就带兵直奔吴郡的严白虎杀去。很快，严白虎就被孙策干掉了。

对本土的反对派，孙策从不留情。他杀人杀得连他的母亲都看不下去了。前合浦太守王晟率众抗拒孙策，整个宗族被孙策杀得只剩王晟一个老头，就这孙策仍不肯松手，还要杀王晟。孙策的母亲吴夫人亲自出面求情，说王晟与你爹当年有升堂见妻的情分，现在他的兄弟子侄都被你杀光了，只剩他一个老翁，你还有啥担心的。最后，孙策也仅放过王晟一人，还是看在他母亲的分儿上，其他人照杀。

不久，孙策进军豫章，太守华歆是与王朗齐名的中原名士，也是被外放江东做官。这个华歆堪称无耻小人的模板，平时只会沽名钓誉，危急关头，一点节操都不要。王朗好歹还抵抗过，打不过才投降。面对孙策的大军，华歆却不做抵抗直接选择迎降。看在华歆如此乖顺的分儿上，孙策对他也很客气。在对华歆的处置上，孙策延续了对外来中原名士一贯的宽容，将华歆连同王朗当客人款待。

袁术称帝后，曹操派人南下拉人构建对袁术的包围网。袁术昔日部下孙策是这个包围圈重要的一环。孙策公开与袁术决裂响应曹操，双方的关系迅速升温。

孙策想洗白自己获得朝廷的认可，曹操希望孙策出力围堵袁术，双方各有所需，很快达成一致。曹操上表朝廷任命孙策为讨逆将军。孙策也投桃报李，将王朗礼送出境。孙策的弟弟孙权为结好曹操也将华歆送回北方。这俩货徒有虚名，一点实际用处没

精准预测——郭嘉料定孙策的下场

有,留在江东还浪费粮食,送出去还可以卖人情,这买卖划算。

王朗、华歆先后回到北方,因其声名在外,很快就被曹操征召,一个被拜为谏议大夫,一个做了议郎,但他俩有一个共同的身份,参司空军事。此时的司空就是曹操,所以,他俩既是朝廷官员,也是曹操的下属。而郭嘉的官职是司空军师祭酒,曹操的直属部下。也就是说,重新回到中原的王朗跟华歆与郭嘉成了同事。郭嘉对孙策的认知,主要信息也是源于这二位名士。

孙策被称作小霸王,对标的是西楚霸王项羽。他们的共同特点是都是年纪轻轻独挑大梁,他们的优点是都很能打,缺点是都很狂暴。说孙策是小霸王可不是夸他,更多的是讽刺。项羽在巨鹿之战中以少胜多确立胜局,那是真正的硬碰硬,破釜沉舟的成语即出自此战。项羽的对手是章邯,是刘邦。章邯是秦军名将,刘邦是连韩信都不得不服的人。孙策的敌人是刘繇,是王朗,还有华歆跟严白虎,一个能打的都没有。从对手的层级可以看出他们的水平。孙策能迅速扫平江东,原因在于对手都很弱。说孙策是小霸王,更多的是说他的狂暴嗜杀。

孙策树敌过多,不得人心。

北方名士被俘的想走,如华歆、王朗,在逃的宁可跨越山河也要逃离江东,典型的如许靖,从江东泛海出逃到交州,又辗转

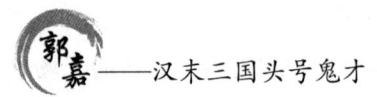

入蜀，行程万里，历尽艰险，就是如此也不肯留在江东。

在孙策的血腥镇压下，江东士族选择顺从，但这种服从只是迫于孙策的武力威胁，是口服心不服。

当孙策坐拥江东六郡得意之际，在暗处一双双仇恨的眼睛在凝视着他。大战之后的江东，看似风平浪静，实则暗潮汹涌。孙策建立的孙氏政权，看似风光实则危机四伏。

靠暴力屠杀建立的政权，基础是不牢固的，是很脆弱的。

当局者迷旁观者清。从这点来说，王朗、华歆这些名士看得是很清楚的。郭嘉对孙策结局的预言即是建立在对局势的准确分析基础上，看似偶然，实则必然。

当然，郭嘉的预测还有一个重要的依据，孙策的一个习惯，喜欢打猎，还常常轻车简从，只带很少的侍卫，有时甚至将侍卫甩下，只顾追逐野兽。孙氏兄弟爱打猎是很出名的。后来的孙权，打仗不如他的父兄，但也爱好狩猎，甚至亲自搏杀猛虎。但孙权执政时，江东已经安定。此时的江东却是刚刚经历战乱，很多江东人在战争中失去亲人，甚至背井离乡逃亡在外。他们承受了很多战争的苦难，这些都是孙策带来的。对孙策恨之入骨的大有人在，这里面出几位不惜生命代价的勇敢刺客再寻常不过。复仇是数千年来永恒的主题。

精准预测——郭嘉料定孙策的下场

士为知己者死。汉末距春秋战国不算太远，古风犹存。

虽然在大多数情况下，官员倒台，人们看到的往往是人走茶凉，树倒猢狲散，但正如那句名言，十室之邑必有忠信。忠义之士始终是存在的，虽然少，但总是有的。

前吴郡太守许贡最终还是未能逃过孙策的魔掌，被孙策杀害。许贡只是被杀的众多江东名士中的一个，如果不是接下来发生的这次刺杀，许贡很可能连名字都不会留下来。

许贡被杀后，他的三个门客却并未离去，而是选择潜伏下来寻找机会为主公报仇。

嗜血狂暴杀人如麻的孙策在夺取江东六郡的过程中也欠下累累血债。但是他本人对此却没有负罪感，依旧嚣张，甚是得意。然而，血债终将用血来偿。

多行不义必自毙。

孙策还是未逃脱惩罚。

建安五年（200）四月的一天，孙策一如往常外出游猎，也一如往常一骑当先，将侍卫随从远远甩在后面。这已经是孙策的老习惯，这不仅孙策的部下知道，他的敌人也知道。

许贡的三个门客决定利用孙策的这个习惯完成刺杀。他们事前已经查明孙策的出行规律以及狩猎的地点，早早前往孙策出猎

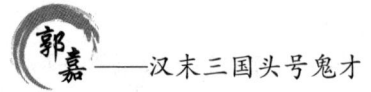

的地方埋伏。

孙策喜好打猎射杀猛兽，可他不知道这次他将成为别人的猎物。出来混迟早要还的。

孙策纵马追逐飞禽走兽，兴致正高，突然从旁边的树丛中闪出三人，张弓搭箭对准孙策就射。

孙策猝不及防，距离又近，当即被射成重伤。孙策的侍卫们闻声赶到，将许贡的三个门客砍杀。但孙策因伤势过重，抬回去不久即一命呜呼。三位忠勇的义士用他们的生命换取了杀人狂魔孙策的命，虽然他们连名字都未曾留下，但他们是真正的英雄。

孙策在临死前指定二弟孙权做他的接班人而不是留给儿子。因为孙策的政权尚在草创之际，危机四伏。他的儿子年幼，是担不起这副重担的。

孙策让弟弟接班，部下们并不意外，让他们意外的是孙策会选择孙权。孙策有三个弟弟分别是孙权、孙翊还有孙匡。其中三弟孙翊刚猛悍战最像他，很多人都以为孙策会选跟他很像的孙翊，但他却选了孙权。

孙策此时的头脑十分清醒，他明白不可以再这么杀下去，必须改弦易辙，以暴制暴不是长久之计。他也清楚中原是强者的擂台，他们江东连做对手的资格都没有，能够割据江东苟活于世已

精准预测——郭嘉料定孙策的下场

经是最好的结局,去中原想都别想。他是江东最能打的,连他都不配北上,其他人就更不用说了。

守成之主不需要能打,保住现有地盘就不错了。综合考虑下来,孙权是最合适的人选。

后来发生的事情证明,孙策的眼光不错,他选对了人。江东的结局也不出预料。

对孙策的死,有人脑洞大开说,背后的主谋很可能是郭嘉。依据在于,郭嘉的预测过于精准,几乎就在郭嘉对孙策做出预测不久之后,孙策即死于非命。如果不是郭嘉策划,他如何能如此精准预测。

这个说法过于荒诞。郭嘉只是一个谋士,不是杀手组织的头目,派人去千里之外搞刺杀,难度不是一般的大,这已经超出了郭嘉的能力范畴。郭嘉的能力强在策划而不是执行。

那个时代刺杀是最常见的除去政敌的方式。刘备、曹操都遇到过,不是只有孙策有这个"待遇"。

刘备早年在平原国做国相也曾被人嫉恨,但刘备以他特有的人格魅力征服了刺客。刘备的宽厚仁德令来刺杀他的人都大为感动,面对刘备这么好的人下不去手,干脆坦白,告辞而去。

曹操在官渡之战期间也曾十分凶险,差点被人刺杀,时间与

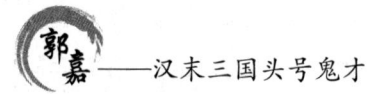

孙策被杀几乎同时,曹操能躲过则完全是因为他有一个尽职尽责的侍卫队长许褚。

至于说孙策曾有过偷袭许县的想法,这就纯属痴人说梦。

首先,孙策靠血腥镇压得来的江东,政权极其不稳定。很多人表面归附但内心不服。这点孙策是清楚的,所以他根本不敢离开。只要他带兵远出,那些隐藏的反对派必定趁机活动。孙策就算有这个想法他也不敢动。

其次,孙策的军事能力也被严重高估。孙策其实是有过北上行动的,不过不是偷袭曹操,而是去徐州的广陵打陈登。结果却令人大吃一惊,久经战阵的孙策被文人陈登打得狼狈而逃。孙策连陈登都打不过,怎么可能是曹操的对手。徐州都过不去,孙策又如何去许县。

而且偷袭讲求的是速度和效率,必须偷偷地进村,打枪的不要。时间越长,被发现的概率就越大。从江东到中原千里迢迢,保密是根本谈不上的。曹操的情报系统也是很发达的,衣带诏事件就是证明。孙策若真想偷袭,恐怕刚出发就被发现了。

曹操是个心思缜密的人,不会留下明显的漏洞。如果他的大后方那么容易被偷袭,袁绍和刘备早就动手了,哪还轮得着孙策。

精准预测——郭嘉料定孙策的下场

郭嘉从王朗、华歆那里知道江东的情形，还有孙策的行事及其为人，对孙策的结局做出预测并不难。

身处政治旋涡之中，仇人遍地却不加防备还肆意妄行，只能说孙策过于嚣张得意忘形，被刺杀也是咎由自取。

郭嘉在曹操身边数年，对这位主公自然是十分了解。郭嘉知道曹操在布防上不会给孙策可乘之机。

在对敌人和自己人的情况全面掌握后，他得出孙策不会出兵并很可能死于他人之手的结论也就不足为奇了。

郭嘉对孙策结局的准确预测，看似不可思议，实则都有大量的基于事实的精准分析。

郭嘉对孙策结局的预测发生在官渡之战的关键时期，对稳定人心、振奋士气起到了不可估量的作用。

欲擒故纵
——郭嘉献计定河北

官渡战后，曹操并没有挥师北上乘胜追击，不是不想，而是不能。因为在他的后方，近处有刘备，远处有刘表。有他们在，曹操不敢远走。

随着袁绍在官渡的惨败，留在汝南的刘备开始受到各路曹军的"特别关照"。中原已经没有刘备的容身之地，尽管心有不甘，尽管依依不舍，但刘备不得不选择南下，去荆州投奔刘表。

刘备不知道他这一走就再也未能回到北方。南下是被迫的，但对刘备来说却是好的开始，命运的转折，他的事业在南方。

不出所料，刘备在荆州受到刘表的热烈欢迎。刘备是人见人爱，花见花开。当初去河北投奔袁绍，袁谭远接，袁绍高迎，特有面子。如今在荆州，刘表对刘备也是礼遇备至。大家之所以对刘备这么客气，不是因为跟刘备意气相投，也不是因为刘备长得帅，而是刘备有能力。袁绍需要刘备牵制曹操，刘表需要刘备抵挡曹操。刘备才是曹操真正的对手。这点郭嘉很早就看出来了。

欲擒故纵——郭嘉献计定河北

可是曹操在很久之后才意识到。

建安七年（202）的夏天，曹操曾经的兄弟、如今的敌人袁绍死了。

曹操的机会也来了。

群雄争霸，大浪淘沙。

十几年过去了，曾经叱咤风云的各路豪杰，如今剩下的已经寥寥可数。

群雄逐鹿，四方混战，但争夺的焦点在中原，长江以北，长城以南，潼关以东，直到大海。以东汉的行政区划，以上区域有冀州、幽州、并州、青州、兖州、豫州、徐州。这里是全国最富庶、经济最繁荣、人口最集中、文化最昌明的地区。从以往的历史来看，得中原者得天下。

因此，中原也成为各方势力角逐的主战场。群雄混战也主要发生在中原。至于南方的扬州、荆州、益州，在整个战争的过程中几乎都没有存在感。

孙策能数年之间以数千之众席卷江东，刘表能割据荆州十余年，刘焉、刘璋父子得以在益州经营二十年，只是因为他们所在的地区不是争夺的重点，不是说他们的地盘不重要，只是相对于中原，不是首要争夺的地区。

刘备的南下是被迫的，孙策的南渡又何尝不是呢！北方的袁绍与曹操都是当时他们难以抗衡的，他们只能选择依附而不是对抗。

当他们避开中原选择南下，他们的机会反而变大了。

对孙策如此，对刘备亦如此。

此时，冀、幽、并、青四州归袁氏，豫、兖、徐三州归曹操。袁、曹分据中原，势均力敌。他们是群雄争霸的真正主角，至于南方的众多小伙伴，他们只是看客。对他们而言，这时最重要的不是上场参赛，而是如何选边站队。

江东方面，孙策的接班人孙权选择延续哥哥的路线结好曹操。

而荆州刘表选择继续力挺袁氏。

此时的袁氏内部却乱成一锅粥。乱的原因也很俗套，由谁来做接班人。这也是数千年来的大难题，从皇帝大臣到平民百姓都会遇到的困扰。处理得当就家庭和睦母慈子孝；处理不当就兄弟反目鸡飞狗跳。闹分家闹到对簿公堂的也不在少数。这类问题还特别难搞，清官难断家务事，很多时候是说不清楚的。仅以汉末三国而论，袁绍、曹操、刘表乃至孙权都遇到过这方面的难题，该选谁接班。每当遇到这类问题，这些呼风唤雨的大人物也是一

欲擒故纵——郭嘉献计定河北

个头两个大。

袁绍、刘表在接班人的问题上处理得都不好，导致骨肉相残。孙权后来也搞得整个国家分成两派公然对立。相比之下，曹操处理得最有水平，但也弄得一地鸡毛。后来坊间还传出所谓七步诗的闹剧。七步诗出自南朝刘义庆的《世说新语》。这是本记录古代文人逸事的小说集，相当于现在的《故事会》。这里面的记载不具备史料价值，属于小说演义。

从夏商周以来，夺位争权就是政治大戏的主要剧情。为了维护安定团结的局面，保证平稳交接顺利过渡，从西周开始制定的宗法制度便确立了嫡长子继承制。中国古代帝王都是一夫一妻多妾制。正妻所生的儿子是嫡子，妾生的是庶子。正常情况下，帝王的第一继承人都是嫡长子。但是，只要有机会，不管是嫡子还是庶子，大家都想做接班人。可是位子只有一个，那就只有争了。

袁绍有三个儿子，袁谭、袁熙、袁尚。三个儿子之中，袁绍与正妻刘氏都喜欢幼子袁尚。父母大都宠爱小儿子，这是人之常情，就连袁绍也不能免俗。

袁绍在接班人的问题上最大的败笔是他从未正式指定接班人。这就意味着袁氏兄弟为夺位而争斗成为了必然。

袁氏三兄弟有继承资格的是袁谭跟袁尚。因为袁谭是长子，由他继任符合常情，这是立长。袁尚虽幼但最受宠爱。袁绍将袁谭、袁熙赶出邺城外放，只留袁尚在身边，在事实上已经表明了态度。袁尚接班也是很多人的期待，这是立爱。比较尴尬的是袁熙，他两面都不沾边，于是他选择支持袁尚。

袁绍之前已经为三兄弟的内斗准备好了条件，那就是让三人分别掌管一州。三人中，袁熙的水平明显要低于袁谭和袁尚。

不同于袁尚、袁熙，袁谭进入青州时北面有田楷、东面有孔融。袁谭几乎是靠一己之力打下的青州，这足以证明他的能力。

至于袁尚，他会在与兄长袁谭以及仇敌曹操的对阵中展示他的水平。

袁绍的接班人只能在袁谭与袁尚二者之中产生。这点很早就已经明晰。因此，袁氏的众多谋士将领也早早就开始选边站队，辛评、郭图支持袁谭，逢纪、审配则力挺袁尚。大家都找好了出路。袁氏政权在事实上早已分裂，只不过袁绍在时所有的矛盾都隐藏于水面之下。袁绍死后，矛盾浮出水面，并立即激化。袁谭、袁尚多年来明争暗斗，早就不存在手足之情。

袁尚因为身在邺城，近水楼台先得月，在逢纪、审配等人的支持下顺利即位。等袁谭从青州风尘仆仆地赶来，生米早已煮成

欲擒故纵——郭嘉献计定河北

熟饭。袁谭对此虽大为不满但也无可奈何,带兵离开邺城前往黄河岸边的重镇黎阳。

袁谭对外自称车骑将军,这个名号耐人寻味。因为袁绍之前受朝廷册封的正式官职是大将军,这个职位已经被袁尚继承了。而车骑将军是袁绍在更早之前起兵讨伐董卓时自封的,而这个车骑将军是得到各路诸侯认可的。以袁绍当年的威望,他自封的官比朝廷任命的还好使,更权威。袁谭此举意在表明,我才是老爹的正统接班人,摆明要跟袁尚分庭抗礼。事实上,袁谭此时已经处于半独立状态,因为袁尚指挥不动他。袁谭也不可能听袁尚的。

建安七年(202)九月,官渡之战两年后,曹操终于等到了吞并河北的机会。他迫不及待率军北上围攻袁谭据守的黎阳。

面对曹军的猛攻,袁谭很快就顶不住了。尽管不情愿,但他还是向邺城的弟弟求援呼救。袁尚也不喜欢这个哥哥,更不想救他。可是,袁尚又不得不救。因为一旦黎阳失守,曹军便会长驱直入。河北平原可以凭据防守的地方不多。曹军真打进来,那就危险了。

之前,袁谭就要袁尚给他增兵,但袁尚不同意。如此看来,派袁谭去守黎阳是袁尚的主意。为防止这位大哥图谋不轨,袁

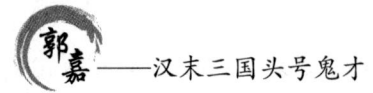

尚还特意派自己的心腹前往黎阳袁谭军中"辅佐"袁谭，实际就是监视。袁谭要增兵的请求被拒后恼羞成怒，一怒之下将逢纪斩杀。

尽管双方已经闹僵，但袁尚还是决定救援黎阳。可是袁尚又不敢直接给袁谭增兵。因为袁尚很清楚，现在给袁谭增兵，等曹军退去，这些派去的援兵很可能被袁谭用来进攻他。但是黎阳又必须去救。思来想去，袁尚只好决定亲自带兵前往黎阳，以保证对军队的控制权。

袁氏兄弟闹到这个地步，团结一致是不可能的，只是因为曹操大军压境才极其勉强地凑在一起与曹军苦斗。

但尽管如此，袁谭、袁尚依然不是曹操的对手，连战连败，步步后退。袁尚只好让并州刺史高干从侧翼出击，进攻曹军据守的河东，开辟第二战场，以减轻正面的压力。

南方的刘表这次罕见地伸出援手，主动出兵救援被曹操欺负的大侄子们。刘表也不傻，他也知道，在曹操的黑名单上，排第一的是袁氏兄弟，排第二的就是他。一旦曹操在北线得手，下一个就轮到他了。救盟友就是救自己。

被刘表派去救援的正是客居荆州的刘备。

人只要有本事就注定闲不住。刘表不擅长也不喜欢打打杀杀。他最渴望的是守住现有地盘混日子。但身处乱世，想要完全置身事外是不可能的，这个浑水，刘表必须要蹚。

刘表不会打仗也不愿打仗，但他的宗室兄弟刘备却十分乐意。因为只要能领兵出战就有机会。从底层奋斗出来的刘备从不肯放过任何可以改变命运的机会。

能领兵打仗，打的还是他最想打的曹操，刘备求之不得，很愉快地就答应了。

因为这一天，刘备已经等两年了。从被曹操赶出中原，刘备就一直渴望重上战场雪耻复仇。

刘备可不像刘表，他是个不肯安于现状有追求有目标的追梦人。

刘备到荆州后，刘表安排他屯兵于荆州北部的新野，并给刘备增兵，让刘备防守荆州北面挡住曹操。但刘表是个不爱惹事儿的人，只要曹操不来惹他，刘表也不愿去招惹曹操。如此一来，刘备就变得很闲。

光阴似箭，日月如梭。不知不觉，刘备已经在荆州两年了。

一次，刘表请刘备来襄阳喝酒聊天。酒席间，刘备起身上厕所，回来之后，满面泪痕，明显哭过。刘表觉得奇怪，就询问缘故。刘备略带伤感地说，过去自己常年征战，人不离鞍，身不释甲，大腿上都没有赘肉。如今久不骑射，大腿上已经长满赘肉。日月如流，老将至矣，而功业不建，因此感到悲伤，不觉流下泪来。刘表听了也很是感慨。

如今曹操大举北上，袁氏兄弟岌岌可危，急需救援。刘表知道这次不能不救，但打仗又不是他的强项，想来想去，刘备是最适合的人选。刘备不是渴望建功立业重返沙场吗！那就派他去吧。

刘备行动迅速，很快就杀进曹操的大后方，一路打到叶县。

听说刘备在南线进攻的消息，曹操不敢怠慢，立即派大将夏侯惇、于禁、李典等率兵前往阻击。

双方对峙，一时不分胜负。突然有一天，曹军哨探发现，刘备军忽然撤走，营寨都来不及带走被一把大火付之一炬。夏侯惇得到情报，第一反应是，刘备这是想跑呀。夏侯惇想都没想就带兵追了出去。

刘备撤退的本领，大家都知道。只要他愿意，追兵连他的背影都看不到。夏侯惇很快就体会到了这种感觉，不管他怎么追，如何卖力地追，昼夜不停地追，就是追不上，而且，越往南追，道路越窄，草木越茂密。

夏侯惇立功心切，对眼前的变化丝毫没有察觉，反倒是旁边

欲擒故纵——郭嘉献计定河北

的神将李典发现有点不对劲儿,赶忙上前劝阻,提醒夏侯惇,之前两军对峙,刘备也没有打败仗,突然撤退,恐怕其中有诈。夏侯惇却不予理会,率军继续穷追不舍,生怕把刘备放跑了。

夏侯惇之所以有这种反应,也是之前刘备留给他的印象过于深刻。在他的记忆里,追着刘备打已经是再寻常不过的操作。与刘备作战,大多数情况下,都是曹军追,刘备跑。有时就算曹军不追,刘备也会主动撤退。对此,大家都已习以为常。看见刘备就追,已经是曹军最正常的反应,属于条件反射,不追才不正常。

因此,面对李典的建议,夏侯惇不以为然,还以看神经病的目光看着李典,就差骂出口了。

自信满满的夏侯惇唱着歌哼着曲愉快地一头扎进刘备为他精心准备的埋伏圈。进去之后,老惨了。刘备是实力不够才撤,打不过才跑,如今有兵有将还怕啥,而且,刘备这辈子只怕曹操,别人他是不怕的。即使是曹操,只要有实力,刘备也敢揍。后来,曹操兵败赤壁,刘备就撵着曹操跑,成功地过了一把瘾,算是报了早年被追着打的仇。

夏侯惇想不到刘备还会诱敌设伏,进去之后被结结实实揍了一顿。刘备玩得高兴,还放了一把火,将曹军烧得焦头烂额。夏

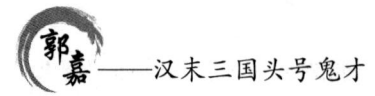

侯惇差点被烤熟，幸亏之前被他鄙视的李典随后来救，才捡回一条命。

此战就是《三国演义》中大书特书的火烧博望坡，不过，小说将事情完全说反了。主动发起进攻的不是曹操而是刘备。设计诱敌的也不是诸葛亮而是刘备自己，因为此时的诸葛亮还在隆中隐居，尚未出山。

《三国演义》的作者罗贯中很不地道，刘备就这点军功还被他夺走。

不过，刘表的助攻也就到此为止了。从他以往的做事风格，能做到这些已经很难得了。剩下的只能靠两个大侄子苦撑。刘表接下来能做的只有口头安慰，因为这个成本最低。

建安八年（203）二月，袁谭、袁尚与曹操在黎阳城下展开决战。大战的结果，两个小伙打不过一个大爷。曹操用战绩证明，你大爷还是你大爷。

打了败仗的袁尚、袁谭赶紧往家跑，一路逃回邺城。

四月，曹操率大军追到邺城。看这架势，曹操是想送两个大侄子去跟他们的父亲团聚。但两个大侄子明显不领情。

被逼急了的袁尚出城反击，反将曹操杀得大败。历史都是由胜利者书写的，所以失败者的战绩是必须被忽略的。在《三国

欲擒故纵——郭嘉献计定河北

志》里理所当然是找不到战败的记录的。

秉笔直书是正直的历史学家必须坚持的。许多历史学家为了写出历史的真相付出了生命的代价。他们是我们民族真正的脊梁。

为写下真实的历史，很多时候，历史学家不仅要有牺牲精神，还要有智谋，要与敌对势力斗智斗勇。既要写出真相，也要保存自己。

陈寿既有历史学家的正义感，也有历史学家的智谋。

史学家陈寿的智慧在建安八年的邺城之战中得到充分的体现。在《三国志·袁绍传》中，陈寿是这么记载这次战斗的，曹操"追至邺，收其麦，拔阴安，引军还许"。

当年的河北"加以旱蝗，饥馑并臻"，曹军上哪去割麦？好吧，就算邺城有麦子，曹军也收割了，这表明曹军是占据上风，然而，接下来的记载是"拔阴安"，然后就是"引军还"。这就令人困惑了，既然打赢了，又成功收麦，下面的正常操作应该是乘胜攻城才是，但陈寿在后面写的却是引军还，打了胜仗，又占据上风，不攻城扩大战果，却收兵回撤。这波操作怎么看都奇怪。

再看看阴安的位置，在邺城东南百余里外。在邺城打了胜仗，然后啥都不说，突然就跑到一百多里外的阴安，紧接着就退兵回到许县。很明显，这个叙述有问题，前后矛盾，综合上下文，陈寿这么写是有意为之。真相是曹操在邺城打了败仗，一路向后转回许县，这才是事情的真实情况。

但明着写曹操被袁尚打败是不被允许的。熟读《三国志》的人都知道，在当事人的传记里通常只记载他露脸的事迹，至于丢脸的糗事，需要去别人的传里找。对于曹操这种级别的，更要小心，即使写也要委婉，为尊者讳。明白人都懂，很多时候，为了记录真实的历史又能通过审查，只能这么做。此即是春秋笔法。从有历史记录以来，就有这种做法。

春秋笔法，又作微言大义，指行文中虽不直接阐述对人及事件的看法，但是却透过细节描写和修辞手法，例如词汇的选取与材料的筛选，委婉而巧妙地表达作者的主观看法。

为了告诉后世之人历史真相，历史学家们充分利用他们的聪明才智，巧妙地留下隐蔽的线索，千百年后的我们才能知道历史的本来面目。

曹操在邺城吃了败仗，这点基本坐实。在黎阳大胜，追着袁尚、袁谭打的曹操却在袁氏的大本营打了一个大败仗。这是官渡之战以来，曹操遭遇的最大挫败。毕竟是人家袁氏兄弟的主场。

欲擒故纵——郭嘉献计定河北

本来在黎阳占点便宜见好就收挺好，可曹操却不依不饶，想一鼓作气毕其功于一役，一举搞定河北。不得不说，他的胃口确实大了点。

袁绍经营河北十年，袁氏树大根深，实力之强是连曹操都肝儿颤的存在。

袁绍的死是袁氏由盛而衰的转折点。这个时候确实是曹操对袁氏下手的好时机，但百足之虫死而不僵。袁氏的家底在那里，不是曹操想吞就能吞得下的。袁尚、袁谭虽然水平不如曹操，但也并非曹操能轻易得手的。

曹操在邺城惨败，被两个大侄子追着打，从邺城到阴安再到黎阳，最后逃回大本营许县，十余天败逃八百里，算上过黄河的时间，这飞奔逃跑的速度一点也不比刘备差，事实证明，这哥儿俩跑起来谁都不慢，个个都是飞毛腿。

曹操吃败仗，除了袁氏兄弟，最高兴的就是在南边看热闹的吃瓜群众代表刘表了。作为河北袁氏兄弟的盟友，刘表对大侄子们取得如此骄人的战绩甚是欣慰。在给袁氏兄弟的信中，刘表提到邺城之战，夸袁家哥儿俩"摧严敌于邺都"，这个严敌显然是指曹操。

曹操在黎阳用了将尽半年的时间好不容易才击败袁尚和袁

谭，四月乘胜追到邺城，本想一鼓作气拿下邺城，却不料只过了一个月就被两个大侄子赶过黄河。曹操十天败退八百里，也只有北宋赵光义的高粱河驴车漂移能超过他。

五月，兵败回到许县的曹操迫不及待地颁布败军令：古之将者，军破于外，而家受罪于内也。自命将征行，但赏功而不罚罪，非国典也。其令诸将出征，败军者抵罪，失利者免官爵。

曹操回到许县做的第一件事就是严明军令申军法，显然是对之前的失利做的总结，这也从侧面证明，曹操的邺城之败并非小败，否则曹操也不会做这么重大的决定，如此正式地颁布法令。虽然这个败军令的知名度远不如曹操后来发布的三道求贤令那么知名，但论重要性，前者要远远大于后者。曹操的河北征战并非一帆风顺，也经历了大挫大败，当然，哪有随随便便的成功，都是经历风雨才可能见到彩虹。

军败之后的曹操急需快速走出失利的阴影。这时，郭嘉向曹操献计："袁绍此前对袁谭、袁尚都很喜欢，所以迟迟未立接班人。如今他们兄弟为争权夺位而嫌隙渐生，他们实力相当，各有党羽，早就形同陌路，面和而心不和，甚至面上也不和。我们如果强攻，将他们逼急了，他们为自救就必然会抱团联合起来对抗我们；如果我们暂缓攻势，待局势缓和，他们之间的矛盾势必激

欲擒故纵——郭嘉献计定河北

化。我军不如南下进攻荆州刘表,待其内变,再挥军北进,河北一举可定。"

《资治通鉴》将郭嘉献计写在曹操兵围邺城之后败退许县之前,给人造成错觉,以为曹操是听从郭嘉的建议才从邺城退兵,而不是被袁氏兄弟击败才撤退。

兼听则明,偏信则暗。追寻历史真相不可尽信一家之言,而要多方查证,才能还原历史。

夸胜讳败是常见的套路。打胜仗就不厌其烦大书特书,甚至写得极其详细。打了败仗,要么避而不谈,要么三言两语一笔带过。历史研究需要细心、耐心、专心,才能拨开重重迷雾,发现被刻意隐藏的真相。

历史总有规律可循。比如大胜之后往往伴随的是大败,原因也很简单,有点小骄傲,轻敌。三军统帅能做到大胜之后还保持清醒头脑,胜不骄败不馁的那都是高人,真正的军事家。

曹操在官渡之战后就有点飘了。

那次他是险胜,他击败了比他强大得多的袁绍,这让他开始膨胀,忘乎所以。曹操从内心对袁绍多少还是有些忌惮的。但对大侄子们,曹操是比较轻视的,他以为他可以欺负欺负大侄子们,可打起来才发现,大侄子们也不好惹。毕竟是袁绍的儿子,

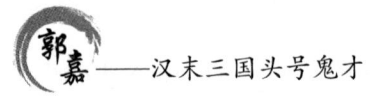

虽然水平不如袁绍，但也不是那么容易对付。

中国古代，在很多时候确实是一人可以兴邦，一人可以亡国。作为中原双雄的袁绍与曹操，在当时人看来，统一全国的人只能在他们之中产生，其他如袁术、刘表、刘璋等等都不过是陪衬。天下的重心在中原，而中原的王者是他们中的胜者。

袁绍与曹操才是势均力敌的对手。别看曹操煮酒论英雄时贬低袁绍猛夸刘备，但在他心里当时能与他争天下的只有袁绍。酒桌上的话是不能轻信的，很多时候，人家只是客气客气，千万别当真。

老子英雄儿好汉。袁绍是风云人物，他的儿子也不会差到哪里去。官渡之战后，袁氏的实力不比从前，元气大伤，加上袁尚与袁谭闹矛盾，军力又削弱很多，但即便如此，他们依然能与曹操在黎阳相持近半年，官渡之战从开始到分出胜负，差不多也就是这个时间。黎阳之战虽然最后还是输了，但袁氏兄弟的表现可圈可点，并不丢人。后来在邺城，这兄弟俩还据城坚守反败曹操。如果来个角色互换，让曹丕、曹彰领兵与袁绍对阵，曹家兄弟未必能挡住袁绍。他们打起来，获胜的更可能是袁绍。袁尚、袁谭、袁熙打不过曹操，但对付曹丕、曹彰、曹植还是可以的。

欲擒故纵——郭嘉献计定河北

曹操跟他的儿子们是幸运的。袁绍与曹操，如果先死的人是曹操，那最后获胜的大概率是袁绍。但真实的情况是，袁绍比曹操先走一步，曹操又多活了十八年，这十八年才是曹氏集团能笑到最后的关键。

本想占便宜却被爆锤，而且还是大败，曹操的郁闷尴尬可想而知。这时郭嘉提出南下的策略就不仅是明智而且是贴心。给领导找到一个很好的台阶，化解了尴尬，又是现实可行的操作，要知道，曹操早就想打刘表了，南征荆州可以解除后顾之忧，曹操一直想做，只是忙着跟袁氏对峙腾不出工夫。现在正好有时间可以做了。

郭嘉的献策总是设身处地为曹操着想。南下既是现实需要，又是策略需求。转移目标打刘表，既能化解尴尬，又能等待时机稳定后方。曹操这么做，面子里子就都有了。

郭嘉的南下策略可以说是在适当的时候提出了适当的对策，恰到好处。一个部下从内心总是想领导之所想，凡事都能从领导的角度去关心爱护，不仅能及时应对，还总能找到解决的办法，这么贴心的下属，哪个领导会不喜欢。一个人发自内心对另一个人好，那个人是能感受到的。

曹操愉快地同意了郭嘉的献策，决定起兵南下，去打刘表。

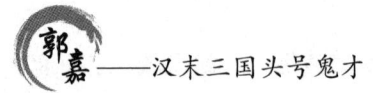

既要给袁氏兄弟留下充足的时间制造矛盾让他们窝里斗,也要抓紧时间清理后方。因为将来曹操肯定还是要北上的,而且还要很长时间,投入很多精力,主力部队也肯定要尽数北征,那后方必然空虚。将刘表留在南方始终是个隐患。南下不一定会搞定刘表,但至少能让刘表老实一会儿。

智谋之士所见略同。此时曹操心里很可能也是这么想的。曹操与郭嘉相处多年,已经形成默契,心有灵犀。曹操、郭嘉常常能不谋而合,他们才是"真爱"呀。他们既是君臣也是挚友。

曹操其实一直在修理刘表,官渡战前就经常去,那时候张绣还是依附于刘表的小弟,曹操就顺带着两个一块儿揍。在与袁绍对战之前,曹操最爱干的事就是揍这俩货。这主要是刘表跟张绣对他的威胁实在太大,不打不行。袁绍要打曹操还要过黄河,但刘表跟张绣顺便出去转一圈就能摸到曹操的家门口。刘表的荆州前哨阵地新野跟张绣盘踞的宛城距朝廷所在的许县近得过分呀,稍不留意就来串门。张绣虽已投降,但又来了更难对付的刘备。

之前夏侯惇被刘备一把火烧得灰头土脸极为狼狈,作为老大的曹操自然要为小弟出头。因此,曹操也有意揍刘表,但刚被北面的袁氏兄弟狂虐,这时候说要南征,明显有欺软怕硬的嫌疑。有人更会质疑,曹操是不是被大侄子们打怕了,这才想去欺负刘

欲擒故纵——郭嘉献计定河北

表。所以,曹操即使有这个想法,他也不方便说。郭嘉与曹操早已是心领神会,及时站出来说出了曹操自己说不出口的话。

袁氏兄弟果然没让郭嘉失望,曹军刚走,这哥儿俩就打了起来。他们用实际行动维护了郭嘉料事必中的光辉人设。

曹操撤走的时候,袁谭对袁尚说:"之前,我的部队铠甲不精,所以才为曹操所败。如今曹军退走,人怀归志,趁其渡河,半渡而击,必获全胜。"袁尚却对袁谭充满怀疑。

袁谭的心腹谋士郭图、辛评生怕这哥儿俩打不起来,看热闹不嫌事大,紧着挑唆撺掇,袁谭做事倒也干脆,直接带兵攻击袁尚,结果,袁谭被弟弟给揍了,打不过只有跑,袁谭带着部队一路逃回他的老窝南皮。

袁谭的部下青州别驾王修听说袁谭在与袁尚的火拼中吃了亏,急忙带着青州的生力军赶来救援。袁谭见来了援兵,又来劲了,这就要带兵打回去。

王修看着这个不着调的主公也只有摇头叹气的份儿。王修对袁谭说,兄弟如同手足,大敌当前,却兄弟相斗,这就好比一个人想要与人搏斗却自断右手,然后说"我必胜",这可能吗?您不要听信奸人挑拨,当斩佞臣数人,兄弟亲睦方能共御外辱。王修所说的佞臣显然是指郭图等人。对王修的劝谏,袁谭根本不听。

王修是忠于袁谭的,王修所说的话也有道理。那袁谭为何不听?难道他不明白这个道理吗?他当然明白。袁尚也明白。那他们为何还要骨肉相残兄弟阋墙呢?在李连杰的电影《投名状》里有一句台词说出了其中的秘密:"军队里只有一个是头。"这句话也适用于一个家庭乃至一个国家。

一山不容二虎,一国不容二主。这个道理也很浅显易懂。

两千年来,中国古代宫廷政治上演的父子相杀兄弟争位的事情难道还少吗?能做一国之君的人都不是寻常之人,能做储君的也都是当世豪杰。难道他们连这么浅显的事理都不懂?当然不是,只是政治上层不同于布衣百姓。高层的家庭也不同于普通家庭。皇帝、皇后、太子与寻常家庭的不同在于,他们首先有着错综复杂的政治关系,然后才是家庭关系。

皇帝、皇后、太子都有着自己的政治集团,他们首先是各自政治势力的首领,然后才是别人的丈夫、别人的父亲、别人的妻子、别人的母亲、别人的儿子。在政治上层,亲情是要让位于政治利益的。不是说他们不重视亲情,而是身处政治旋涡之中,很多事情也是身不由己。

李世民发动玄武门之变之前,也很痛苦,很矛盾,他也很清

欲擒故纵——郭嘉献计定河北

楚杀兄逼父会担负很多指责甚至骂名。但他与李建成的矛盾已然不可调和，他们之中只能有一个胜者。李世民不杀李建成，难道李建成就会放过李世民？很显然，不会的。李世民杀李建成是为了夺位，但也是为保全自己。难道李世民不知道骨肉相残是悲剧？难道他不想兄弟和睦？他也想，但当事情走到你死我活的地步，再说别的已经没有意义。李世民和李建成是如此，袁尚、袁谭也是相同的原因。兄弟相争是悲剧，但身处在那个位置，他们没有选择。

骨肉亲情，在很多时候是亲，但不要涉及利益。只要涉及具体利益，再浓的亲情也会变味。

袁尚、袁谭的矛盾是为争夺接班人的位置，这是根本冲突，是不可调和的，双方必须分出高下决出胜负。还是那句话，军队里只有一个是头。既然如此，那就必须打下去。

远在荆州的刘表听说二袁相争也是痛心疾首，他当然希望两个大侄子能够团结一致共抗曹操。刘表分别给袁谭、袁尚写信，掰开揉碎地给两个大侄子讲道理，可谓苦口婆心倾尽全力。可是，两个大侄子的反应却是出奇的一致，都不听他的。

很多人认为袁尚、袁谭很蠢，其实，那只是你没有待在他们的位子上。

很多今天的人很容易就能看出来的事情，很多位居高层的古人却往往做出在今人看来很不可思议的决定。这只能说明，事情很多时候不是表面呈现的那么简单，看似不可理喻的决策背后都有艰难的取舍与不得已的苦衷。

郭嘉之所以做出曹军退、二袁必相争的预测，是因为他把政治高层的事情都研究明白了。郭嘉的真正厉害之处在于他把人性琢磨透了。

郭嘉之前之后的精准预测都是建立在对政治的深刻理解以及对人性的深入认识基础上做出的。

袁尚亲自带兵围攻袁谭于南皮，大败袁谭，攻占南皮。袁谭兵败逃往平原，固守不出。袁尚率军随后赶到，将平原城团团围住，日夜攻城。形势危急，袁谭只得派辛评的弟弟辛毗向曹操求救。

刘表得知袁谭欲引曹兵为援，当即写信劝阻，劝袁谭不应忘先人之仇，弃亲戚之好。说了一堆，但袁谭压根不理他。刘表又劝袁尚，今青州天性峭急，迷于曲直。仁君度数弘广，绰然有余，当以大包小。那意思是你哥这人性子急，你胸怀宽广，这时候应该包容他，兄弟一心，先除掉曹操，再讨论你们兄弟这点事儿，但袁尚也不理他。

欲擒故纵——郭嘉献计定河北

对刘表的规劝，袁谭甚至有骂街的冲动，老子被围命在旦夕，你还在那儿说教，不找曹操，难道找你不成？曹操会出兵相助，你会吗？只会耍嘴皮子，我信你个鬼，你这个糟老头子坏得很！

袁尚对刘表的劝说也是嗤之以鼻。刘表多年的表现，大家有目共睹，这是个虚伪至极的人，一个精致的利己主义者，一个专心坑队友的坏家伙。

袁氏兄弟对刘表充满鄙视，这也是有原因的。刘表是个不称职的盟友。当初，袁、曹官渡决战，袁绍派人找到刘表，希望后者出兵从南面袭击曹军，对曹操形成南北夹击之势。刘表答应得好好的，可就是按兵不动坐山观虎斗。刘表的所作所为令袁氏十分失望又极为恼火。

袁尚、袁谭兄弟与曹操开战一年有余，刘表只派刘备做了一次象征性进攻，剩下的大部分时间都在作壁上观。二袁对刘表彻底失望。刘表没有信誉，缺乏公信力，他说的话自然起不到任何作用。

河北的战争已经进入白热化，刘表却只会进行苍白的说教而不采取任何实际行动。刘表很会说却不会做，起初可以蒙骗一些人，但时间长了，大家都已看清他是自私自利的人，自然就不会再信任他，因为刘表的为人，是典型的口惠而实不至。

袁尚与袁谭的河北内战已然全面展开。曹操已经有意介入。此时对于刘表来说，最明智的策略就是出兵北上攻略黄河以南的郡县威胁许县，一方面可以声援河北牵制曹军，一方面可以抢占地盘扩大实力。

因为河北内战，不管结果如何，还是姓袁。但一旦曹操趁二袁同室操戈趁虚而入攻占河北，中原就将归曹操所有。

曹操统一北方之后，势必南下。而益州险远，江东顺服，荆州必首当兵锋。刘表在曹操的黑名单上已经待很久了。曹操不可能放过刘表。

属于刘表的时间已经不多了。但刘表对他的危险处境却不自知。曹操一旦平定河北，下一个目标肯定是他。要说明的是，对刘表动手不是曹操一个人的想法，而是大多数人的主流意见。

此时曹操驻军西平，袁谭的特使辛毗前来求见，表明了求救的来意。

曹操开会征求大家的意见，众人的主张很一致，打刘表。来都来了，咋能就这么回去。大家给出的理由是刘表很强，所以要先打，至于二袁正在窝里斗，不足为虑。

荀攸却力排众议主张先取河北，他的理由更充分，群雄逐鹿，四方征战之际，刘表据有荆州，地方千里，带甲十万。如果

欲擒故纵——郭嘉献计定河北

他是有志之士必然不会坐失良机，事实上却是，十余年来，刘表未有征伐之志，这是个自守之贼。刘表不是成大事的人，不会形成威胁。相反，河北袁氏，地广兵强，如果袁尚、袁谭兄弟齐心，河北很难攻取，但如今他们兄弟反目为仇彼此攻击，势力分散，这是进兵河北的最好时机，可以对二袁分而歼之，各个击破，机不可失，时不再来，这时不要管刘表，我们的主攻方向应该是河北。曹操当时也对荀攸的分析表示赞同。

但仅仅过了数日，曹操又改主意了，还是想先打刘表。曹操不是个朝令夕改拿不定主意的人，他有这种反应，更可能的原因是，他也认可众人的主流意见，想先平荆州，之前同意荀攸不过是照顾主要谋士的面子不好当面否定，从内心里，他还是想先揍刘表。

曹操同意主流意见先取荆州后平河北，原因不是刘表强二袁弱，真实的情况恰恰相反，正是因为二袁强刘表弱，曹操才想先易后难，先打更容易对付的刘表，至于难啃的硬骨头二袁留待后面再啃。众人主张先打刘表暂不理会二袁也是相同的原因。

很多时候，不可被表面说辞所迷惑，因为很多情况下，很多人都是心口不一的。真实的情况大家都清楚，事实是一回事儿，怎么说又是另一回事儿。真实的意图，大家都很清楚，但都心照

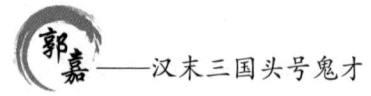

不宣。

从曹操到大多数人都选择先易后难,因为邺城之战逃得实在过于狼狈。时间过去不远,惨败的场景仍历历在目,令众人心有余悸。曹操也是如此,因此他才想打刘表,对打二袁并不积极。

荀攸的主张显然与曹操及众人的想法相左。值得玩味的是,郭嘉却在此时选择了沉默。这就是郭嘉聪明的地方,他知道荀攸的主张是正确的,但他也清楚此时曹操内心的真实想法。看破而不说破,才是为人处世的原则。

大家支持先打刘表也有这层原因,总不能说,二袁难打,不久前咱们刚吃败仗,面对河北兵将心里还发怵吧。柿子拣软的捏,道理是这个道理,但话不能这么说。

领导比普通人更在意面子。

过了些日子,辛毗又去见曹操,希望得到明确肯定的答复。在谈话中,曹操并未表态,但辛毗也是见过世面的,通过察言观色,加上之前的多方打探与综合分析,他得出了结论,曹操要变卦。但辛毗没有当面拆穿,又不好当众询问,那只能令大家尴尬。辛毗不会干这种蠢事,他转头去找了郭嘉。

辛毗的这个举动大有深意。他知道曹操没有直接回拒,说明事情还有转圜的余地。曹操在犹豫,难以下定决心。但辛毗相信

欲擒故纵——郭嘉献计定河北

有人可以帮曹操下定决心，这个人就是郭嘉。辛毗来之前显然是做过功课的。更重要的是，辛毗也知道郭嘉心里也是支持出兵河北的。不然，找一个反对派不是自讨没趣吗！辛毗不会这么笨，他知道郭嘉的分量，也知道曹操听郭嘉的话。此时，辛毗急需与曹操当面密谈，说出他心里一直想说却找不到机会说的话，还有他此行的真正目的。能帮他促成会面的人只有郭嘉。

辛毗找郭嘉做如此重要的事情，也是出于对郭嘉的信任。他们是颍川老乡，十年前，郭嘉曾去河北投奔袁绍，他们很可能在那时就已经认识。老乡加旧友的关系，辛毗相信郭嘉会愿意帮这个忙的。事实证明，辛毗的感觉是对的。郭嘉支持北进，也有意促成此事。

郭嘉将辛毗请求私会的意思转达给曹操。郭嘉的面子曹操是要给的。曹操决定召见辛毗，与之密谈。

见面之后，曹操也不兜圈子，而是开门见山，发出了直击灵魂的考问，袁谭可信吗？袁尚可破吗？

曹操一连串的两个问题直接将他内心的真实想法暴露出来，也证明了之前的推测。曹操想先打刘表再打二袁，不是刘表强是二袁强，不是刘表好打，而是二袁不好打。之前的那些说辞都是场面话，捧高刘表贬低二袁才能掩饰他们内心的胆怯畏惧。

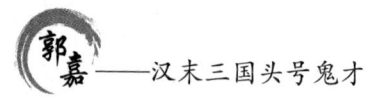

辛毗也是个直爽人，他说您不用问我袁谭可不可信，也不必问我袁尚能不能被击败。我只跟您讲形势，我讲完之后您心中自有答案。

袁氏兄弟自相征伐，非他人所能离间，二袁皆自以为稳操胜券。今求救于明公，情势可知。袁尚困袁谭而不能取，此力竭之证。今河北之势，兵革败于外，谋臣诛于内，兄弟谗阋，国分为二，连年战伐，甲胄生虮，水旱蝗灾，百姓饥馑；土崩之势已成，瓦解之形已现。

今明公往攻邺，袁尚不还兵相救，则邺城不能自守；引兵还救，袁谭必踵其后趁势追杀。以明公之威，对困穷之敌，击疲敝之寇，犹如秋风扫落叶。

这是上天将河北交予明公，今明公不取河北而伐荆州，刘表虽弱，足以自守。仲虺有言，"取乱侮亡"。方今二袁不务远略而内自相图，亡在旦夕。今因其请而进兵事半功倍，四方之寇，河北为大，河北平，则中原定。

辛毗的一番话打消了曹操的顾虑，说得曹操心花怒放，又重新动起了河北的心思。

从辛毗的言谈话语中，不难发现，辛毗为了让曹操出兵可谓不遗余力，将河北的底细毫无保留地和盘托出。辛毗哪里是来搬

欲擒故纵——郭嘉献计定河北

救兵,分明是将河北出卖给曹操。从辛毗与曹操的谈话内容基本可以确定,辛毗不是来求救的,是来做带路党的。

辛毗的所作所为是典型的吃里扒外卖主求荣。他早已看出袁氏要完,所以提前为自己找好退路。将二袁比作寇贼,辛毗再次以他的卑鄙刷新人类认知的下限。

任何时代都是锦上添花的多,雪中送炭的少,多数人都是墙头草,哪边风硬往哪边倒。这点曹操是最有体会的,官渡之战时,包括他的很多部下在内都认为曹操必输,争先恐后写密信给袁绍,提前为自己找好下家。

官渡之战,曹操虽然是以少敌众,但他最困难的却不是兵员补充而是缺粮。这是个极易被忽略的地方。

要知道,曹操是各路诸侯中最早进行大生产的,军屯民屯都搞得红红火火有声有色。北面袁绍的士兵吃桑叶,南边袁术的士兵捕河蚌时,曹操的士兵却吃得饱饱的,从不为粮食发愁。

为何与袁绍开战半年后,却窘迫到没米下锅的程度呢?不是没米,而是人家根本不给他送。因为大家都认为曹操要完,既然如此,为何要送,不如留着自己吃,也可以存着给新主袁绍,争取给新主公留个好印象。曹操也派人到处征粮,可是根本征不上来。这点曹操很清楚,但他也没辙,你要是强抢,人家就直接反

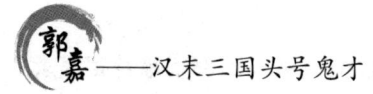

了。曹操那时还不敢得罪各地土豪,生怕人家真的反了。

只有颍川郡,从始至终都忠心耿耿,要人给人,要粮给粮,从未犹豫过。颍川人如此忠诚也是因为利益所致。曹操的枪杆子基本是他们曹家和夏侯家的人,笔杆子基本被颍川人占据。颍川名士与曹操早已深度绑定,不分你我,所以关键时刻才愿意往上冲。这个世界上没有无缘无故的爱,更没有无缘无故的忠诚。曹操对颍川名士更是投桃报李,从不吝惜赏赐,论功行赏,颍川人都是排在前面。

辛毗就是颍川人,荀彧与郭嘉所受到的礼遇尊重,大家都看在眼里,辛毗也想加入进来。

袁氏大势已去,这点明眼人都看得出来,辛毗想"奔向光明"的想法恐怕早就有了。袁谭派他来求援正合其意。

建安八年(203)十月,曹操率军渡过黄河,一年之中第二次进驻黎阳。

袁尚听说曹军过河,不得不撤除包围,带兵返回邺城。对袁尚而言,他现在想的是如何保住他在邺城的基本盘。至于平原,他不得不放弃。即使吃到嘴边的肉,也只能吐出来。

袁谭的求救见效了,至少他暂时得救了。要说还是曹操有效率,换成刘表,再过一年,袁谭坟头的草都得老高了。

欲擒故纵——郭嘉献计定河北

曹操刚过河,袁尚部将吕旷、高翔即率部来降。看来认清形势的不止辛毗,河北想要"弃暗投明"的大有人在。

这时,刚被解救的袁谭却来了一波迷之操作,他居然干起了刻印章的活儿,暗中派人给吕旷、高翔送去两颗他刻制的将印。袁谭的这番举动着实令人不解,人家是去投奔曹操的,与你何干。曹操也很快知道了这件事,这也让曹操看清了袁谭的面目。虽然曹操也没指望与袁谭精诚合作,但双方刚见面,袁谭就挖墙脚还是有点不厚道。

解围的目的既然已经达成,加上仓促北上准备不充分,曹操决定暂时退回南岸,明年再来。

总结以往的经验教训,曹操深知与二袁、主要是与袁尚的战争将是长期的和旷日持久的。

打持久战,曹操是有这个心理准备的,但仅有心理准备是远远不够的。

打仗就是打后勤,如今曹操不缺粮了,那些曾经徘徊观望游移不定的郡县,现在再也不敢三心二意了,军粮都是按时足额交齐。但如何把军粮运到前线又是难题。

古代,受限于交通条件,只有水陆两种选择,陆运不仅成本高速度慢还容易被劫道,十分不安全。曹操就最喜欢干这事儿。

官渡之战，他能险中取胜靠的就是偷袭劫粮这招。相比之下，水运不仅运量大、速度快，成本更是低得惊人。因此，但凡能用水运的就不会用陆运。古代都城以及各州郡治所大都依河而建也是考虑到运力还有成本，因为大城市都需要海量的资源补给，只有水运才能保证供应。

大军的粮草只要条件允许大都会选择水运，但是水运的缺点也在这里，不同于陆运，水运对运输条件的要求更高，要有适合航行的河道，仅此一条就限制了使用范围，因为不是哪里都有河，而且水运对河流的水量流速都有要求。战场的选择很多时候又不是人能决定的。难道为了打仗运输方便专门去挖一条河道吗？是的，曹操就打算这么做。不过，曹操不是挖一条崭新的运河，而是尽可能利用旧有的水系河渠将之连接起来，最大限度减少工程量。

曹操喜欢劫粮，但他还喜欢玩水。有的时候，他是双管齐下，一起来。

如果只是一两场很快就结束的战斗，不值得为此劳民伤财兴师动众，但曹操很清楚二袁的实力以及抵抗能力，河北之战注定是旷日持久的拉锯战，至少要一两年甚至更长的时间，这就要保证大军粮道的畅通，运输必须及时迅速。曹军主力渡河北上，背

欲擒故纵——郭嘉献计定河北

水而战,几乎就是官渡之战时的袁军的角色,一旦粮草接应不上,他就要重蹈袁绍的覆辙。袁绍在官渡之战就是这么输的。此时的曹操早已褪去青涩变得老成持重,加之河北之战关系重大,他也不敢再浪。

从河北回来,曹操就开始挖沟了。当然不是他亲自动手,干活儿的自然是他手下的兵,曹军挖的沟叫白沟。

说起运河,人们首先想到的是隋炀帝下令开凿的以洛阳为中心北通涿郡、南达余杭的京杭大运河。其实,早在三国时期,曹操便"以通渠积谷为备武之道",在黄河流域修建运河,纵贯河北平原沟通江淮的运河系统在那时便已初具规模。

曹操兴修运河最初的目的就是解决军粮运输的问题,但他也想不到此举开发了河北平原的水运交通。河北平原东临渤海,西傍太行,地势平坦,河流众多。这些河流大都呈东西流向,原本彼此之间互不相通。曹操利用这些河流的自然特点,筑渠其间,加以连通,使其从南到北形成河网纵横的运输航道。

白沟是黄河南徙后留下的故道,淇水本应流入黄河,为了引淇水入白沟,在距淇水入黄河处几里的淇水口,下大枋木为堰,以阻止淇水流入黄河,在堰北开运渠,西口通淇水,东口通清水故道,使淇水通过渠道和清水故道流入白沟。

原来，当地有一条来自西南方向的清水，在淇口附近与淇水相交，再向东北流去汇入黄河。由于黄河改道南移，清水留下故道。因此，白沟有二三十里利用的是清水故道，至宿胥口后又是黄河故道，一直朝东北方向延伸到河北地区。总之，白沟运河充分利用了黄河故道和清水故道，使工程量大大减少。《水经注·淇水》以赞扬的口吻说："魏武开白沟，因宿胥故渎面加其功也。"

疏浚白沟也是必不可少的，因为白沟原为黄河南迁后留下的故道，泥沙多，河床浅，要成为运输军粮的通航水道必须进行疏通。最关键的是在淇水口修建枋堰的工程。因为淇水虽不是大河，但水流湍急，汛期更是水势汹涌，冲击力很大。要在淇水口修筑拦河坝，坝体必须高大整固。曹操修筑的大坝，规模宏伟，卢湛在《艰征赋》里形容其"洪枋巨堰，深渠高堤"。

白沟沿黄河故道向北延伸，至内黄（今河南内黄西北），军粮可以通过白沟运到邺城以东。白沟复东北过馆陶（今河北馆陶）北至广宗县，循纵贯河北平原的清河故道，至今青县附近注入呼㳇河（今滹沱河），成为河北地区的水运干道。自此以后，白沟就成为河北重要的运河通道。

曹操这边挖得差不多了，袁尚那边也开始活动，再次出兵平

欲擒故纵——郭嘉献计定河北

原,围攻袁谭。看架势,袁尚不把他哥干掉是不会罢休的。

建安九年(204)二月,袁尚率领主力远出,留下审配守邺城。如此一来,发生了两件事,袁谭又顶不住了,曹操又看到机会了。

曹操是个合格的盟友,尽管袁谭挖他的墙脚,但曹操还是很"热心",都不用袁谭发求救信,主动率军北进。这次与上次相同,曹操没有直接去平原解围,而是直奔袁尚的大本营邺城,用的还是之前用过的招数,围魏救赵。当然,围魏是真的,救赵是附带效果。还是熟悉的配方,还是熟悉的味道。

而其实,曹操也不关心袁谭的死活,他在意的只有邺城。有袁谭在东面吸住袁尚,曹操在西面可以更加从容地围攻邺城。

曹军包围邺城之后,又是堆土山,又是挖地道,上下一起干起来。袁绍在官渡玩过的招数,又被曹操原封不动拿来对付邺城。

但邺城是真难打,审配守城也是真有水平。曹军连攻三个月依然啃不动防守严密的邺城。

曹操见强攻不成,只好改为长期围困。曹军拆土山填地道又重新干回老本行挖沟,围着邺城绕圈挖。邺城是座大城,曹军挖了四十里沟渠,起初为了迷惑守军,挖得很浅,守军也不在意,然后曹军连夜加深加宽，沟渠深达两丈，宽度也有两丈。曹军之前修筑的水利工程又发挥作用。曹操下令引漳河水灌入沟渠，这下城里的人是彻底出不来了。

又过了两个月，城里的人已经饿死大半。七月，心大的袁尚终于想起来他的老巢还被人围着呢！但袁尚只带了一万多人回来，这点兵力想要解围是杯水车薪。

袁尚救兵将至，曹操召集部下讨论如何应敌，众将都主张退避并且说出了理由："此归师，人自为战，不如避之。"

看来去年邺城之战的阴影过于浓重，曹军的将领们至今仍未走出来。曹操说："袁尚若从大道来，当移师避之；袁军若循西山来，此成禽耳。"从大道来，意味着袁尚的部队必然人多势众而且确实是求战的归师，领教过袁军厉害的曹兵至今仍心有余悸，真碰上胜负尚未可知。西山即太行山，从山间小路而来，说明袁军兵力不多底气不足，更像是来声援而非决战。

曹操的话可以总结概括为，敌人强大，我们就跑。敌人弱小，我们就干他。打得赢就打，打不赢就跑。

袁尚兵少胆虚，果然循西山而来，进至距邺城十七里时，临滏水立营。本来是来救援的，上来却摆出防守的阵型。曹操这下彻底放心了。

欲擒故纵——郭嘉献计定河北

夜里，袁尚在大营举火示意城中援兵已至，城中看到城外火光也举火相应。紧闭半年的邺城城门终于打开，审配率军出城北，想要与袁尚军对进，里应外合击破曹军解邺城之围。

曹操早有准备，将出城的审配杀败，又乘胜包围袁尚。这时的袁尚也顾不得邺城趁夜突围，退入祁山，曹操随后紧追再次将其围住。袁尚部将马延、张顗临阵投降，这一举动导致袁尚军彻底崩溃。

袁尚率余部撤往中山。袁尚的印绶、节钺尽数被曹军缴获。曹操随即令将这些东西摆在城下展示给城中的人看，这也成为压垮骆驼的最后一根稻草。他们苦苦坚守的希望就是袁尚的援军。如今希望在他们眼前破碎，他们的心理防线崩溃了。八月，审配的侄子审荣打开城门投降，邺城易主。曹操围城半年，终于如愿以偿，但直到最后，邺城也不是曹操打下来的。

曹操围攻邺城大战袁尚时，袁谭也没闲着，他也很忙。他在抢地盘，抢袁尚的地盘。等他抢得差不多了，袁尚也被赶出来逃奔中山。之前被袁尚围着打的袁谭终于逮到复仇的机会，带兵攻击中山。此时的袁尚早已没有抗衡的实力，只得丢弃部众只身逃亡幽州投奔袁熙。袁尚的余部都被袁谭收编。

十二月，曹操以袁谭背约为借口出兵进攻袁谭。

建安十年（205）正月，曹操与袁谭在南皮城下展开最后的决战。袁谭亲自领兵出战，战斗过程不得而知，但曹军伤亡惨重是确定的，因为曹操又萌生了退兵的念头，说明战事不顺。

曹操的族弟、为其统领虎豹骑的曹纯对曹操说："不能退，今孤军深入，难以持久，若进不能胜，退必为敌所攻。"于是，曹纯亲自擂起战鼓以助军威。又是一场血战，曹军终于将袁谭杀败，并将其斩首。

不久，幽州的袁熙被部将焦触、张南驱逐，与袁尚率数千人出塞投奔辽西乌桓，幽州迎降。至此，河北大势已定。

曹操的河北征战，打得最惨烈的是袁尚的冀州，其次则是袁谭的青州。至于并州的高干几乎全程找不到存在感，曹军来他就降，不出工也不出力。幽州也几乎是兵不血刃就被曹军接收。袁熙是袁氏三兄弟中水平最差的一个。他连部队都掌控不住，直接被赶出来，丢人丢到姥姥家。

建安十年（205）八月，曹操驱逐二袁平定河北。同年十月，并州高干突然反叛。袁氏兄弟与曹操苦战时，他袖手旁观。袁氏政权倾覆，他却反了。这货全程智商不在线。不过曹操扫平高干也用了将近半年，直到建安十一年（206）三月，高干兵败，于逃亡途中被杀。曹操才彻底平定冀、青、幽、并四州。

收服人心

——郭嘉劝曹操起用河北名士

河北虽定，人心未附。袁氏在河北十余年，为政以宽，深得地方豪强拥护。

曹操以武力夺取四州，根基不稳，袁尚、袁熙逃亡塞外，随时可能反攻卷土重来。河北各地迫于形势，投降未必真心。

曹操当前最紧迫的事情就是要尽快稳定河北四州。

郭嘉也深知此时形势的微妙，他劝曹操征召四州名士予以重用，将其争取过来。名士，特别是那些名重一州的士人，在他们的背后往往都有一个强大的家族势力。名士是地方豪强的代表，获得他们的支持就能得到他们背后豪强的支持。只要地方豪强认可，那么就可以掌控一郡乃至一州。

郭嘉跟他的颍川名士就是最好的例子。获得支持最有效也是最牢固的方式就是进行利益的深度绑定。

官渡之战时，曹操控制区的很多郡县都有动摇的倾向，甚至与袁绍暗中联系。只有颍川郡始终坚定不移地支持曹操，帮助曹

收服人心——郭嘉劝曹操起用河北名士

操渡过难关。原因在于,颍川名士早已成为朝廷的骨干力量。如果曹操失败,颍川名士不会从袁绍那里获得更好的待遇,因为袁绍也有他的政治班底。

郭嘉的建议是正确的,这点曹操很清楚,所以,他采纳了郭嘉的献策,向河北名士开放政权,以换取对方的支持。

如何迅速稳定人心是能力更是水平。在这点上,汉高祖刘邦给出了教科书式的示范。

刘邦战胜项羽赢得楚汉战争登基称帝。追随刘邦的开国功臣要论功行赏,刘邦从不吝惜赏赐,一口气连封大功臣萧何、张良等二十余人,但打江山功臣太多,大功臣已定,小功臣未决,这些人日夜争功,吵来吵去,闹作一团。

刘邦对此也很是头痛。一次,刘邦在洛阳南宫的复道上望见众将三三两两坐在沙地上耳语议论。刘邦转头问身旁的张良,这些人在说什么?张良故作吃惊地说:"陛下难道不知道吗?他们在商议如何谋反!"刘邦一脸惊讶说:"天下初定,何故谋反?"张良说:"陛下以布衣定天下。今陛下为天子,而所封皆故人亲爱,所诛皆平生仇怨。今计功,以天下不足封;这些人陛下不能尽封,又怕因以往的过失获罪被诛,所以相聚谋反。"刘邦听后又对张良说了句他常说的话:"为之奈何?"张良说:"您平生最

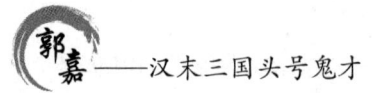

恨的又是大家都知道的人是谁？"刘邦几乎不假思索脱口而出："当然是雍齿。我多少次都想杀他，只是因为他功多，才未杀。"张良说："为今之计当先封雍齿，则人心自定。"刘邦是何等聪明之人，他很快就明白了张良的用意，随即召集群臣大会，当众封雍齿为什方侯。酒席散去，群臣皆喜："雍齿尚侯。吾属何忧！"

曹操也有他想杀的"雍齿"，因为这个人骂过他。此人是建安七子之一，名叫陈琳，是袁绍手下的大笔杆子。陈琳的文章实在犀利，骂得忒狠，所以当陈琳被押到曹操面前时，几乎所有人都认定陈琳死定了。

虽然是军阀混战，但也要师出有名，武斗之前先文斗已经是多年形成的约定俗成的规矩。袁绍作为名士领袖，在这方面自然是要带头遵守的。

他让手下的大笔杆子陈琳写檄文辱骂曹操，为此他将多年搜集的关于曹操的黑材料都搬了出来。

陈琳在声讨曹操的檄文中不仅将曹操骂得狗血淋头，连他的父祖也未放过，还把曹操挖坟盗墓干的那些缺德事全都捅了出来。虽然这些事情大家都知道，但一次性全面曝光，还是相当震撼的。更重要的是，这些事情都是真的，不是陈琳的虚构编造，而是查有实据，连曹操本人也不得不承认所言非虚。

收服人心——郭嘉劝曹操起用河北名士

说到盗墓,这是极损阴德的,历代以来对此类犯罪的态度相当一致,秋后问斩。

汉末乱世,王纲失序,殿陛之间禽兽食禄,带头作乱的是大魔头董卓,他手下的士兵在洛阳公开抢掠,盗墓也是从董卓开始的。各地军阀都干过,但曹操做得最过分,因为他为了盗墓专门设立了摸金校尉、发丘中郎将等官职,组织专门人员明目张胆地干缺德事。

袁氏战败,陈琳也做了曹操的俘虏。曹操说:"当初,你为袁绍作文,骂我也就算了,为何要骂我的父祖?"陈琳说:"我在袁绍手下,他让我写,我不敢不写,这就好比箭在弦上,不得不发。"曹操爱惜陈琳的才华,也知道他是迫不得已,便放过了陈琳,让他做自己的笔杆子。

曹操对陈琳网开一面,既有爱惜人才之意,也是收买人心的需要。连骂过曹操的陈琳都被宽大处理,其他人自然也就安心了。陈琳是人才,但比起接下来出场的人就差远了。这个人才是真正的名士。

清河崔氏是魏晋乃至隋唐的顶级门阀士族。此时清河崔氏的代表人物是崔琰。郭嘉劝曹操征辟河北名士,指的就是如崔琰这样的地方名士。

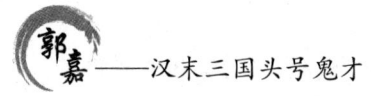

建安十一年（206），曹操以崔琰为别驾从事。可崔琰一上来就给曹操来了一个下马威。曹操翻看冀州户籍发现冀州居然有三十万户，喜不自禁脱口而出，这下兵源有保证啦。这时一旁的崔琰说："我们盼望您来是救民于水火，您却在这里估算可征兵源，这恐怕不是本州百姓所期待的。"话一出口，旁边的人都吓傻了，只有崔琰自己若无其事淡定从容。曹操也知道自己一时高兴说错话了，赶忙赔罪。崔琰敢这么说是有资本的，因为他知道他的背后有一个强大的家族，曹操需要他的支持，不会把他如何。曹操确实妥协了，因为此时的曹操的确需要他的支持。然而，崔琰还是为他的言行付出了代价。

建安二十一年（216），崔琰被曹操逼杀。此时距崔琰面折曹操正好十年。君子报仇，十年不晚。虽然曹操不是君子，但他也很有耐心。曹操深知小不忍则乱大谋。当年厚待张绣，如今不杀陈琳，折节崔琰，皆是如此，大局为重。

性情相投
——亦君亦友

很多人相识，一眼就是一生。郭嘉与曹操便是。

曹操与郭嘉都是"体任自然、不拘小节、放荡不羁"的类型。他们性情相近，相互吸引。

人与人相处最重要的是舒适、自在，而只有性情相近的人才会有这种感觉。他们在一起，如鱼得水，舒适自在。

郭嘉与曹操首先是知己，因性格相近而相处愉快的朋友。

曹操在给朝廷的奏表中说郭嘉"忠良渊淑，体通性达"。曹操在给荀彧的信中也说郭嘉"通达"。所谓通达可以解释为通体性达、性情豁达。

陈群曾多次当众斥责郭嘉"不治行检"，这个"不治行检"到底是何意？很多人见到"行检"二字，就认为是"行为不检点"，于是，便脑补出很多桃色故事来。很多影视剧也就此给郭嘉做了人物设定。在很多三国小说里，郭嘉往往是左手酒杯右手美人的风流才子。这固然是文学形象的常见塑造方式，但与郭嘉

性情相投——亦君亦友

真实的历史形象还是有很大区别的。

陈群所说的"不治行检"是大家都做得不错,而郭嘉却做得不好,大概率是礼法方面。

郭嘉年纪轻轻便隐居,极少与人往来,厌恶繁缛礼节,喜欢自由随意。戏志才、郭嘉都因为不屑于流俗而受到讥议。说得更直白点就是,他们不合群,不主动融入当时的士人群体,不沽名钓誉也不随波逐流,而是保持处士的超然世外,这自然引起很多人的不满,才对他们有所议论。郭嘉不结党自然也就不会营私,身为士人首领的陈群看郭嘉不顺眼就再寻常不过了。不肯入圈子便不是自己人,有所排斥就很自然。

陈群是所谓的道德君子的典型,进退容止皆循礼法。陈群很守礼,却只是个夸夸其谈、金玉其外败絮其中的纯粹的草包。

陈群是尸位素餐的模范,曾被吴质讥讽"从容之士,非国相之才,处重任而不亲事",嘲笑陈群居于高位却不做事。

郭嘉是一个纯粹的人。但也正因如此,曹操才更欣赏他。曹操在他面前,可以放下芥蒂疑心,做真性情的自己。

陈群讨厌不合群的郭嘉,但这也正是曹操喜欢郭嘉的原因。曹操从内心里是不喜欢甚至讨厌崔琰、陈群这类人的,只是这些人是上层主流,曹操才不得不逢场作戏表面尊敬,做些场面上的

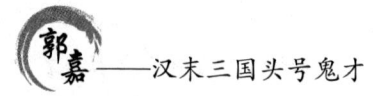

事儿。要不然,曹操也不会搞出求贤令,唯才是举那不就是打陈群这些名士的脸吗!几乎就差把不看出身鄙视豪门名士写在脸上了。

唯才是举就是针对出身决定命运的名士圈长期以来的潜规则的。后来,曹丕采纳陈群的建议采用九品中正制,即是唯出身论,与曹操的唯才是举简直就是针锋相对。曹丕在政治路线上背叛了他的父亲,给政治豪门以特权,来换取这些人对他篡汉叛汉的支持。

陈群这些人是有背景的、有势力的、有圈子的,相比之下,郭嘉是形单影只,他虽然也是名士,但只是普通士人,远谈不上豪门。他的家族也很寻常,他的朋友很少。郭嘉只是一个简单的人,一个一心为主公谋划的人。

陈群这群人道貌岸然,表面上装得大公无私,心里面都是生意。他们是典型的先谋家再谋国,家族利益大于国家利益。

郭嘉则不同,他的目的很单纯,主公以国士待我,那我必以国士报之。他不是豪门出身就不用考虑那么多私利。他很少与人交结,也就不会有朋党。曹操就需要这种关系简单,又有才华还能干活儿,更能说说心里话的人才。

建安十二年(207)二月,曹操向朝廷表奏功臣名录,封侯者二十余人。当然这个上报只是走个过场，基本上是曹操怎么说汉献帝就怎么批，但该走的程序一个也不能少，政治生活更需要仪式感。

封侯拜相是古代士人的至高荣誉。拜相这个难度过大，而且此时的朝廷早已取消相位，一年后，曹操才将之恢复，不过他是想自己当，所以对其他人而言此生能够封侯已经是最高褒奖。

在二十余位功臣中，首推荀彧，他是曹操的大管家，荀彧获封万岁亭侯。而曹操的头号谋士郭嘉受封洧阳亭侯。

萧何是刘邦的相国，文官之首。荀彧是朝廷的尚书令，地位作用相当于相国，他也是曹操的首席谋士。

不论萧何还是荀彧，他们都是负责全局统筹的。刘邦在排定功臣位次时萧何是排在第一的。曹操表奏的二十多位功臣中，荀彧自然名列前茅。

张良是汉初三杰之一，但在刘邦首次封的十八侯里找不到张良的名字。在汉初功臣排名中，张良只排在第六十二位。张良的功劳不可谓不大，但当时评定功劳的标准主要还是看军功，这点文臣谋士比较吃亏。张良在西汉建国后也没有具体的官职，只有侯爵，所以大家说到他都说留侯张良。

郭嘉的情况与张良极其相似，很多人会质疑郭嘉的地位，因

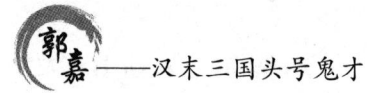

为郭嘉从始至终都仅仅是一个军师祭酒,这与他的功劳极不相称。

刘邦曾当众说过,运筹帷幄之中,决胜千里之外,他不如张良。在楚汉战争中,张良屡出奇谋,他的功劳仅次于萧何、韩信,但他只是一个留侯,其他两人,一个拜相,一个封王。落差如此之大,张良却不以为意,超然于世外。他只是个出谋划策的谋士,其他一概不问,他不结党也不掌权,刘邦对他既尊重又放心,因为不构成威胁。

张良的地位作用是不能用官职衡量的,郭嘉也是如此,他只是个为主公尽心筹划的谋士,不贪权不交游,平时也很少与人往来。郭嘉对功名富贵并不热心。

刘邦觉得亏欠张良,就用扩大封邑的户数作为补偿,曾要封给张良三万户,但被张良婉言推辞。曹操对郭嘉也是用增加封邑户数来弥补。建安十二年(207),曹操给郭嘉追封户数到一千户,这在当时已经是很高的标准,因为此时曹操的众多文武中,封邑超过一千户的也只有六人,他们是张绣、夏侯惇、曹洪、荀彧、郭嘉以及于禁,超过两千户的只有夏侯惇跟荀彧两人。

这个时间点很重要,因为后来随着曹操封公建国,部下们的待遇级别也随之水涨船高,封邑超过千户的比比皆是,甚至万户

性情相投——亦君亦友

侯也不少见,但那是多年以后的事儿。

建安十二年就已获封千户,足以说明郭嘉在曹操心目中的地位,更关键的是此时的郭嘉相对其他谋士还很年轻。

对官职名位,郭嘉并不在意,洒脱随性过自己想要的生活更重要,对名士圈的故作正经极为厌烦,对名士们的虚伪做作不屑一顾,不肯与世浮沉随波逐流,宁可孤独也要自由。这是陈群讨厌郭嘉的原因,也是曹操喜欢郭嘉的原因。只有郭嘉在心灵上与曹操更契合。

汉末乱世,士大夫奢靡成风,竞相攀比,巾幅雅饰,极尽虚荣。袁绍之徒虽为将帅却不着甲胄,战阵之间仍衣锦绣,所谓名士风流即此之谓,名流士大夫多随之。

曹操偏偏反其道而行之。只要不是在正式场合,曹操的穿着都极为随意,醇酒美人,日夜欢饮,率性而为。曹操的所作所为谈不上高雅,但至少真实。他最看不上的就是那些所谓名士的虚伪做作,郭嘉不肯与那些名士往来也是相同的原因。陈群看不上郭嘉,同理,郭嘉也看不上陈群,他们是相互鄙视的。

曹操常常随身带着一个小皮囊,里面装些丝绢手帕之类的小玩意儿,估计是跟美人调情时用的。

平常见客随便穿件常服就出来了,一点也不觉得有何不妥,

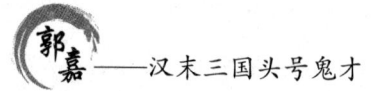

与朋友谈笑，说到高兴处连拍桌子带撞头，脸都浸入菜盘弄得满脸汤汁也不以为意，还会抚掌大笑。

曹操的这些做派与当时的那些标榜高雅的名流士大夫显然是背道而驰。郭嘉大概率也是这种风格，所以他们才能有共同语言。

陈群这些社会主流看不惯的何止郭嘉，他们更看不惯曹操，但他们不敢说，只能通过斥责郭嘉表达他们的不满，也希望曹操能改弦更张，朝他们希望的路线走。但曹操依然我行我素。陈群向曹操告状反映郭嘉的情况，曹操表面敷衍，对郭嘉宠信依旧，对陈群客气依旧。这就是啪啪打陈群的脸。

在职场待过的人都懂，领导对你的建议不予采纳但又不想伤你的自尊，总会说你的建议很好，我会认真考虑。真实的意思是，你的建议我是不会听的。曹操对陈群向他状告郭嘉就是这个态度。你以为丢脸的是郭嘉，其实，是陈群。

因为郭嘉并未因陈群的小报告受到任何实质上的影响。曹操对郭嘉信任依旧宠爱依旧，他们才是真爱。至于陈群则丢尽脸面，告状那么久，最后才发现自己告了个寂寞，沦为笑柄的人是他自己。

生死相随

——郭嘉遗计定辽东

大封功臣之后，曹操面临着两个选择，北上远征乌桓，将逃奔到那里的袁氏兄弟干掉，彻底解除后患；南下荆州扫平刘表，消除长期困扰曹操的后方威胁。

这次，曹操没有玩套路，直接表态，他要北上追杀袁氏兄弟。他要追穷寇，因为他不想学霸王。

众将都说："袁尚已是丧家之犬，夷狄向来贪财重利，袁尚对他们已经没有利用价值，乌桓是不会为袁尚卖力的！倒是刘表值得注意，我军如果出塞远征，刘备必说刘表袭击许都，到时我军回救不及，可就糟了。"

大家能想到的，曹操自然也会想到，众人的担忧也是他的忧虑，但曹操没有让众将去猜他的心思，而是一开始就将他的决定公之于众，说明他已经下定决心。证据就是早在去年，曹操便下令开凿平虏渠、泉州渠以通漕运。这番操作似曾相识，之前征战河北疏浚白沟也是这么干的。

生死相随——郭嘉遗计定辽东

曹操有三大传统艺能：挖沟、劫粮、迁民。最缺德的是迁民，最狠毒的是劫粮，最耗时费力的就是挖沟开渠。而三大艺能里唯一有点积极作用的也就是挖沟。兴修水利不仅方便转运军粮，还能惠及民生灌溉农田。

郭嘉说："主公扫平河北，威震天下。但乌桓恃其险远，必不设备，因其无备，举兵击之，一战可破。

"且袁绍有恩于民夷，而袁氏兄弟尚在。主公定河北日浅，今四州之民，徒以威附，德施未加，舍袁氏而南征，袁尚必南下为乱。袁尚因乌桓之资，招其死主之臣，胡人一动，民夷俱应，以生蹋顿之心，成觊觎之计，恐青、冀非主公所有。

"刘表坐谈客耳，自知才不足以御备，重任之则恐不能制，轻任之则刘备不为其用，虽虚国远征，主公亦不必忧虑。"

郭嘉的这番话有三层意思，首先，乌桓对我们没有防备，长途奔袭，出其不意攻其不备，击败他们很容易。远征确实辛苦，但能轻而易举取胜建立军功还是值得的。这叫以利诱之。

其次，说明不及时围剿袁氏的危害，点明危险的处境。袁氏经营河北十余年，忠于袁氏的大有人在，这些人只是迫于形势才投降的，并不是出于真心。一旦袁氏卷土重来，这些人很可能背叛投奔旧主。到时，他们里应外合，曹操能不能挺住就难说了。

这点曹操跟他的部下都心知肚明,郭嘉为说服他们只能将形势讲明。

最后,针对大家最担心的刘表跟刘备,郭嘉更是讲透了刘表与刘备之间的微妙关系。刘表不信任刘备,至少是不完全信任,并且小心加以提防。

刘表是个只会夸夸其谈的坐谈客,看刘表早年的经历就可以知道,董卓进京后突击提拔的名士大都属于这一类型。郭嘉对刘表的评价客观公正,并没有冤枉刘表。至于刘备,那是袁绍、曹操都要给面子不敢小视的英雄。刘备的能力远远超过刘表,但这也是令刘表感到尴尬的地方。刘表的尴尬全被郭嘉说透了。刘表想用刘备,可是刘表有他的担心,重用吧,怕控制不住;不重用,刘备不会尽力。

郭嘉的这些话不是说给曹操的,而是说给那些反对远征的人听的。因为反对的人实在太多,而支持的人算郭嘉在内也仅有寥寥数人。

尽管有很多人反对,但曹操还是坚持自己的想法,率军出发。

他自己也未料想到这次看似很平常的远征会出现那么多危险,遇到那么多意想不到的困难。

生死相随——郭嘉遗计定辽东

据说曹操结束远征回来后,召集群臣,统计当初都有谁反对出战,大家都挺害怕,因为这次是得胜归来,打赢了。众人都认为这是要追究责任,但说过的话犹如泼出去的水,是收不回来的,覆水难收。尽管害怕,大家也只能老实承认,但想不到,曹操不仅没有怪罪这些人,还对他们给予厚赏。曹操的理由是,这次出塞确实很冒险,充满各种变数,能胜利归来,多少有点运气的成分在里面。

这条记载可信度并不高,因为重赏反对派就等于说自己前期的决策失误,等同于认错。以曹操的性格大概率是不会这么干的,因为这肯定会降低他的威望,而作为领导者,维护个人权威是极为重要的,当领导的都很看重这点。

以上材料的用意明显是说曹操虚怀纳谏,勇于承认自己的错误,鼓励大家以后还要多提意见,才能避免发生更多的过错。

问题在于,曹操的北征有错吗?袁尚是必须干掉的,乌桓是必须打的;不杀袁尚,不征乌桓,北部边疆会不得安宁,甚至曹操好不容易打下的河北四州也有得而复失的危险。这些郭嘉在出兵前已经讲得很清楚了。

之所以这次远征险象环生,原因在于意外情况过多,完全超出了曹操事前的预料。

曹操初夏时节出兵，算上往返以及作战大概需要半年左右的时间，在冬天之前就能班师，这应该是曹操的初步设想。因为要攻敌不备，自然要快，速度慢了就达不到出其不意的效果了。

但是，曹操想快却快不起来，因为去往塞外的路不通，大雨下个不停，道路泥泞，水不深却很折磨人，这个深度浅得难行舟船，深得不通车马，怎么都过不去。

从五月到七月，曹军只能等，这一等就是两个月，宝贵的时间就这么在等待中消耗了。曹操也不会想到大雨会一直下。曹操的远征直到此时都不是冒险，都是寻常操作。

曹操知道再这么等下去，这次远征就真的要泡汤了。关键时刻，本地向导田畴为曹操指明了一条旧路，走卢龙口，因为艰险，所以很少有人走，正因为走的人少，才成了旧路。对于曹操而言，他已经别无选择。带路这种事情只有本地人才能胜任。

曹操决定采纳田畴的建议，出卢龙塞直插乌桓的大本营柳城。从这时起，曹操才真正是以身犯险。但这个险冒得值得。往往风险越大，收益就越高。

战争本来就是充满风险与未知的。至于战争过程中的突发情况，是不可控的，只要随机应变就好，这不是筹划的错，也不是决策的错。郭嘉的献计与曹操的决策都是正确的。

生死相随——郭嘉遗计定辽东

官渡之战,曹操也是以身犯险,率军直插敌后,远程奔袭火烧乌巢才反败为胜扭转战局的。当时的情势比现在更惊险,如果不是驻守乌巢的袁军将领淳于琼浪战,如果袁绍派出的骑兵能及时赶到,曹操将腹背受敌,很可能就被袁军围歼。突袭乌巢是孤注一掷险中求胜,相当冒险,难道曹操偷袭乌巢有错!如果之前没错,那么现在奔袭柳城当然也没有错。

战争就是要冒险的,当然也需要一点运气。

走卢龙塞要穿过二百里人迹罕至的地方,肯定是要冒风险的。这种穿插只会有两种结果,一是穿插失败狼狈撤军;二是穿插成功,避开敌军防守的正面,达到突然袭击的效果。

大军出卢龙塞,道路很难走,行军速度很慢。而远程奔袭最重要的就是快,速度越快,被发现的概率就越低,成功的可能性也就越大。而路不好走,大军还携带着很多辎重粮草,士兵们的盔甲也都要放在车上运送。也许有人会问,盔甲不应该是穿在士兵身上吗?怎么还要用车运?

因为在战争的过程中,大部分时间其实都是在行军,往来奔波,真正的战斗时间相比之下是很短的。为了让士兵们保持充沛的体力,在抵达战场之前,士兵的铠甲大多都是靠车辆运输,因为铠甲是很重的,通常都要十几斤甚至几十斤,穿着铠甲走路是很消耗体力的，速度也快不起来。有一个成语叫丢盔弃甲，在打败仗的时候，士兵往往都会这么做。因为盔甲很重，不丢盔不弃甲，就跑不快。为逃命就只能丢盔弃甲。

路难走，速度慢。郭嘉看在眼里，急在心头。经过一番深思熟虑，郭嘉觉得再不能这么慢腾腾地走了，必须加快行军速度，留下辎重，轻装前进。只有如此，才能确保达成远程奔袭的效果。

郭嘉说："兵贵神速。今千里袭人，辎重多，难以趋利，敌军闻之，必设防备。不如留辎重缓行，主公率轻兵急进，昼夜兼程，攻其不备，出其不意。"

轻装前进确实能提高行军速度，但同时也意味着部队的防卫以及后勤补给水平大幅削弱。因为盔甲粮食都在后面，前锋部队如果突然与敌遭遇会很被动，后来果然与乌桓骑兵发生遭遇战，但曹军在披甲者甚少的不利条件下，依然能在野战中取胜，这里面过硬的军事素质起到了决定作用。

曹操再次听取了郭嘉的建议，他也很清楚此时此刻速度的重要性。事已至此，虽然明知是冒险也必须拼一把，用陈琳的话，这时的形势是箭在弦上不得不发。开弓没有回头箭，过河的卒子只能向前冲。

生死相随——郭嘉遗计定辽东

八月,曹操率军登上白狼山,这里距乌桓蹋顿的老巢已经不到二百里,骑兵一天就能赶到。直到这时,乌桓人才发现曹军的动向,紧急调动,仓皇迎战。兵出卢龙的效果在这里显现出来,突然出现在背后的曹军打乱了乌桓人的作战部署,逼得乌桓人只能仓促应战。两军尚未开战,乌桓已经先输一局。

但乌桓人的实力仍不容小觑,毕竟人家是主场。乌桓单于蹋顿与袁尚、袁熙以及乌桓辽西单于楼班等率数万骑兵迎着曹军开来的方向杀来,与曹军在白狼山遭遇。

此时曹军的辎重车辆还在后面,前锋部队多为骑兵,但披甲的战兵很少,多数人未穿铠甲。大家心里都很慌张,甚至有点恐惧。这是有原因的。

古代战争铠甲的重要性远大于武器。从秦汉到明清,中国历代王朝基本都是禁甲不禁兵。隋唐时期,藏匿武器虽然犯法,但处罚并不重,私藏铠甲却是重罪。唐朝私藏铠甲三具以上就直接处死。到了明代,枪矛弓弩都可以合法持有,但铠甲火器依然禁止私人拥有。

古代上战场不穿铠甲基本等同于裸奔。

众人惶恐惊惧,曹操却并未慌乱,他站在高处仔细观察对方军阵,很快就发现了敌人的破绽。

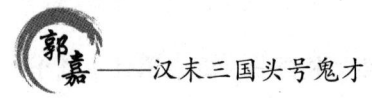

遇事不慌，临阵不乱，是身为三军统帅需要具备的基本素质。临敌处置随机应变是最能考验将领水平的。

曹操能一路击败吕布、袁术、袁绍，靠的可不是侥幸，他是真有水平。

曹操发现乌桓人数虽众且都是骑兵，但部队阵型杂乱，显然是纪律松散缺乏训练的乌合之众，这种部落武装看似强大，其实不堪一击。

为确保一击必胜，曹操派出了他麾下最为精锐的骑兵部队虎豹骑，这支由曹纯率领的骑兵是曹操的王牌，不到关键时刻，曹操是舍不得派这支部队的。

曹操任命大将张辽为前锋主将负责指挥，而张辽也没让曹操失望，趁敌方阵型散乱，身先士卒，率骑兵直冲而下，从气势上完全压倒对手，迅速将乌桓骑兵冲散将其击溃。擒贼先擒王，曹军的虎豹骑更是在乱军丛中将乌桓单于蹋顿斩杀。斩首成功标志着曹军已掌控战场主动权，乌桓骑兵随即溃散彻底战败，乌桓以及流落塞外的汉人二十余万向曹操投降。

曹操一战而定北疆。这里面郭嘉的功劳最高，他虽未上阵杀敌，但从决策到部署，都有他的身影。战争是一项规模庞杂的系统，涉及诸多方面，从决策筹划到部署落实，从临战指挥到后勤

生死相随——郭嘉遗计定辽东

补给都需要有专人负责,战斗只是最后的收尾,当然重要。但前期的筹划准备也是胜利的关键所在。《孙子兵法》中说,多算胜,少算不胜。有郭嘉的运筹帷幄,才有曹操的决胜千里。

白狼山之战曹军虽大获全胜,但袁尚、袁熙却趁乱跑掉了。他们与辽东乌桓单于速仆丸率数千骑投奔了辽东太守公孙康。有人劝曹操继续追击,但曹操说不用追,看着吧,过不了多久,公孙康就会把袁尚、袁熙的人头给我送过来。

九月,曹操自柳城班师。

果不出曹操所料,曹军走出不远,辽东方面就派人送来了袁尚、袁熙以及速仆丸的人头。

众人在佩服曹操之余也颇为疑惑,曹操说:"公孙康素来忌惮袁氏,如果我们急攻,他们就会抱团合力对抗我军。我军撤退,公孙康知道我军对其没有敌意,留下袁氏兄弟就是祸患,所以他一定会杀了袁氏兄弟向我们示好。"

曹操说得头头是道,然而,此情此景似曾相识。不错,当初曹操兵败邺城退守河南之际,郭嘉劝他暂时不要理会袁氏兄弟南下荆州时,说的就是这番话,急之则并力,缓之则自相图。曹操不过是将郭嘉的话复述了一遍。

在回来的路上,曹军确实遭遇到一些困难,比如筹集不到足够的粮食以至于要杀马充饥，找不到充足的水源，凿井数十丈才挖出水。有人就据此说这次远征是失败的，是没有必要的，甚至有人认为郭嘉的提议是错的，曹操就不该冒险远征。说这话的人完全不懂战争，更不懂三国。

建议曹操远征是郭嘉所有军事筹划中最出色的，也是最重要的，更是郭嘉最大的功绩。

远征乌桓之前，曹操的战略环境是最差的，他据有的豫州、兖州、徐州处于中原，是名副其实的四战之地。他的北面有袁绍，南面有刘表、孙策，西面是马超、韩遂等关中诸将。这些人基本上只要面对一个战略方向，他们的后方都是安全的。但曹操不同，他几乎没有后方。

即使在占据河北四州后，这种情况依旧未得到根本改变，因为袁尚、袁熙还在，北方的威胁仍在。只有彻底扫清袁氏，河北四州才真正属于曹操。郭嘉正是看到这点，才力劝曹操出塞，郭嘉本人也随同出征。郭嘉的身体状况并不好，明知塞外苦寒，远征凶险万分，他仍执意随行，这是拼了命为曹操打江山。这份情义曹操自然十分珍视，更心存感激。

击败乌桓又得到袁尚、袁熙的首级，北方得以平定，曹操才真正拥有属于他的大后方。从此之后，曹操才没有后顾之忧，可

生死相随——郭嘉遗计定辽东

以放心南下,随心所欲地打刘表,征孙权,扫平关中的马超跟韩遂这些大大小小的军阀,再也不用担心两线作战。曹操得以背靠河北,南向争锋。

北征乌桓是曹操事业的真正转折点,他再也不用担心被人抄袭后路了。这一切都是郭嘉的功劳,至少首功是郭嘉的。

至于说进兵以及撤军途中遭遇的困难,在战争中是再寻常不过的事情,曹操根本没有必要为这事做检讨,因为这也不是他的错。

战争本身就意味着危险,而曹军遇到的缺水少粮是常见情况,不会威胁到大军的生存,在人烟稀少的塞外遇到这些状况也不奇怪。曹军穿行的二三百里路程对于行军来说也不算远,最慢十天也走出来了。

难道因为路远就不出征了?远征路上遭遇困难就是决策的错?还有比这更滑稽可笑的理由吗?为达到长途奔袭的目的,走偏僻险远的路线,必然会带来各种困难,但这也是出奇制胜所必须承受的代价。有的险是必须冒的。不入虎穴,焉得虎子。一个敢于出奇,一个勇于制胜,郭嘉与曹操是配合默契的搭档。

在洞悉人性这点上,郭嘉才是真正值得钦佩之人。很多人担心的情况并未发生。直到曹操班师回到中原,荆州方面都表现得相当平静，从始至终，刘表都未出动一兵一卒，对曹操追杀袁尚的行动，全程作壁上观。也难怪袁尚会鄙视刘表，郭嘉会轻视刘表，说他是坐谈客。刘表将猪队友的迟钝愚蠢表现得十分到位。

刘备果然劝刘表，趁曹操率军远征，出兵北上。而刘表也果然如郭嘉所料不听刘备所请，刘备没辙。因为兵都在刘表那里，刘备虽有壮志，怎奈受制于人，面对错失的大好良机，只能紧握双拳，仰天长叹。

等到曹操扫平乌桓回到邺城，刘表才表现出一丝丝悔意，对刘备说："当初未听你的，错失良机。可惜，可惜。"面对这个不长进的宗室兄长，刘备还能说什么呢？说啥都晚了。刘备只能故作轻松安慰刘表，如今乱世，干戈四起，还会有机会的。其实，他们都知道，再不会有机会了。因为曹操下一个要收拾的就是刘表。

这一切都在郭嘉预料之中。郭嘉的厉害之处即在于此。他把袁绍琢磨透了。他把孙策琢磨透了。他把刘表琢磨透了。至于刘备，他更是早在刘备投奔曹操之时就看出刘备必成大器。郭嘉劝曹操不要放走刘备。郭嘉虽未说出"天下英雄，唯使君与操耳"的话，但他的确是这么想的。曹操虽然说出了这句话，但他心里真不是这么想的。口是心非才是曹操，奸雄之名，实至名归。曹

生死相随——郭嘉遗计定辽东

操不听郭嘉之言,放走了他最大的对手。但郭嘉为曹操却做到了殚精竭虑。不管曹操如何反应,郭嘉都尽到了一位军师应尽的职责。

建安十二年(207)年底,远征大军回到邺城,如今中原属于曹操了。北方大定,曹操胜利了,郭嘉却病了。本就身体孱弱的郭嘉经不住塞外的酷寒风雪,终究还是倒下了。尚未等到论功行赏,郭嘉便一病不起,不久就去世了。郭嘉死的时候年仅三十七岁。

郭嘉始终是个单纯的人,身处政治旋涡之中却能保持真正的独立。

曹操身边的谋士众多,他们也为曹操出谋划策,但他们的目的都不单纯,因为他们是各方势力的代表,甚至他们本人就是一方之首,他们有太多的私利需要考虑,他们既谋国也谋家。曹操与他们只是相互利用而已,彼此都很难走入对方的内心世界。

郭嘉只为曹操而谋,也只有郭嘉才能走进曹操的心里。

郭嘉不会卷入政治纷争,他所有的计谋只限于军事战争,从不涉及政治。这也正是郭嘉的聪明之处。不为浮名所累,不被功名所惑,才是真正的智者。能看懂的人很多,能做到的人很少。纵观郭嘉此生,他做到了。

曹操上表朝廷为郭嘉请封：故军祭酒郭嘉，忠良渊淑，体通性达。每有大议，发言盈庭，执中处理，动无遗策。自在军旅，十有余年，行同骑乘，坐共幄席，东禽吕布，西取眭固，斩袁谭之首，平朔土之众，踰越险塞，荡定乌丸，震威辽东，以枭袁尚。虽假天威，易为指麾，至于临敌，发扬誓命，凶逆克殄，勋实由嘉。

三年后，曹操发布的那篇著名的求贤令其实也是对郭嘉的一种追思。然而，江湖虽大，知己难寻。郭嘉只有一个。哀哉奉孝！痛哉奉孝！惜哉奉孝！

高山流水，懂我的人只有你。

附 录

郭嘉年谱

东汉建宁三年（170），郭嘉出生于豫州颍川郡阳翟县。

东汉建安元年（196），郭嘉被荀彧推荐给曹操。郭嘉与曹操一见如故，相见恨晚。郭嘉被曹操任命为司空军师祭酒。

建安二年（197），曹操南征张绣败于宛城。郭嘉发表了他的十胜十败论，鼓励曹操，为其树立信心。

建安四年（199），郭嘉劝曹操不要放走刘备。曹操一时大意，令刘备得以南下徐州。

建安五年（200），郭嘉劝曹操趁袁绍尚未准备充分，闪击徐州，击溃刘备。

建安八年（203），郭嘉献计南征荆州刘表，令袁氏兄弟自相攻伐，坐收渔利。

建安十二年（207），郭嘉力劝曹操远征乌桓，以轻兵奔袭，一战而胜。同年，郭嘉病逝。

后 记

三国历史总是令人沉醉。当你将兴趣爱好当作自己的事业，你才是幸运的。

随着学习的深入，你会有很多收获，也会有更多的惊喜。这是属于你的幸福。

因为这些都是来自于我自己的感受。

执着于自己所热爱的，全身心地投入，以自己喜欢的方式去度过此生，才是最有意义的人生。

从事写作已有十年，坚持到现在，靠的还是热爱。

感谢所有帮助过我的朋友，特别是北方国家版权交易中心的赵维宁老师。一本又一本新书的背后是他常年的辛勤付出。即使在最寒冷的冬天，他对工作的热情也足以温暖你感动你。

有好的编辑才会有好的作者，有好的作品才会有好的读者。

不负过往，未来可期。